JN046399

The Heart of the Matter:

Love, Information, & Transactional Analysis
Claude Steiner

交流分析の
根底に流れるもの

クロード・スタイナーの思想

クロード・スタイナー 著

白井幸子 監訳　楯エリナ 訳

誠信書房

2017年7月，国際交流分析協会主催によるITAA世界大会がベルリンで開催され，その折，同年1月に亡くなったクロード・スタイナー博士を追悼する「Remembering and Celebrating Claude Steiner」ワークショップが開催された。白井も参加することができ，長男のEric Steinerさん，長女のMimi（Steiner）Doohanさんと言葉をかわし，写真を撮らせていただいた。お二人が掲げているのはスタイナー先生の写真である。

The Heart of the Matter:
Love, Information, & Transactional Analysis

by

Claude Steiner

監訳者まえがき

　クロード・スタイナー（Claude Steiner, Ph.D.）は交流分析の創始者である
エリック・バーン（Eric Berne, M.D.）の最も早い時期からの弟子であるとと
もに，常に同僚であり，変わることのない親友でもあり，「人生脚本」，「スト
ローク経済の法則」などを通して交流分析の発展に比類なき貢献をしてきまし
た。これら二つの理論の創出により，スタイナーは2度にわたり「エリック・
バーン記念賞」を受賞しています。

　スタイナーは，1935年フランス，パリで生まれました。フランスへのヒト
ラーの侵略が差し迫るなか，彼のユダヤ系の母とクリスチャンの父は，1939年
スペインに逃れ，そこから1947年メキシコに亡命，さらにスタイナーは1952年
に機械工学を学ぶためアメリカに渡りました。

　1956年，21歳の時，交流分析の創始者であるエリック・バーンと出会い，
1971年，バーンが亡くなるまで，バーンの信頼を得た特別な存在として研究を
共にし，交流分析の進展に特筆すべき寄与をしました。

　本書はスタイナーの最後の著書ですが，スタイナーが本書を通して一貫して
訴えていることは，本来自由であるべき人間の精神と心理が，我々の生きる時
代の家父長的封建主義社会の中で抑圧されてしまったが，交流分析は「批判的
親 CP」の追放を通して，抑圧された精神の自由を開放するのに大きな役割を
果たすということでした。

　スタイナーが本書で特に力を込めて語るのは以下の4点ですが，本書はスタ
イナーがなぜこれらの点を重視するに至ったか，その背景を興味深く語ってい
ます。

　　1．ストロークに基づく愛の強調
　　2．「感情表現能力」の強調
　　3．自由で民主的な社会をめざす交流分析の役割
　　4．実証的な交流分析を目指す必要性

以上の 4 点について詳しく見ていきます。

1. ストロークに基づく愛の強調

スタイナーは交流分析において愛を強調します。スタイナーのストローク理論は，愛を重視するスタイナーにして初めて書くことのできた理論です。スタイナーの愛の強調は深く，強く，徹底したものです。

交流分析の創始者，バーンは「ストローク」を「他者から受ける刺激であり，人はそれなしには生きられない。ストロークは存在認知の一単位である」[†1] と定義しましたが，スタイナーは「ストロークは愛（affection）である」[†2] と信じていました。そして「私たちが感情や身体的な健康を維持していくためにはストロークが不可欠であり，それをどのように手に入れるかを知る必要がある」[†3] と述べています。

さらに，**愛と親密さ**は健康と病気からの回復に影響を与えるとも述べ，その科学的根拠を次の Dean Cornish, MD の「愛と生存」の言葉の中に見出しています。

> 「愛と親密さは我々を病気にしたり，回復させたりする根源となるものです。医療の中で，愛と親密さ以上に，我々の生命の質や，病気の発症，早死などに大きな影響を与えるものが他に存在するでしょうか。食物，喫煙，ストレス，遺伝上の問題，薬や手術も愛と親密さが持つ影響力には及ばないのです。」[†4]

ストロークを得ようとする行為は，我々に互いに交わりの機会をもちたいという意欲を引き起こすとスタイナーは考えます。人は愛を求めます。その愛はストロークを通して交換されるのです。

1971年，スタイナーはそのような彼のストロークの定義をバーンが主催していたセミナーで発表することになっていたのですが，その日にバーンは心筋梗

[†1] エリック・バーン著／南　博訳（1989）人生ゲーム入門．河出書房新社．
[†2] Steiner, C.（2003）Emotional Literacy: Intelligence with a Heart. Personhood Press.
[†3] 同掲書
[†4] Ornish, D.（1998）Love and Survival: The Scientific Basis for the Healing Power of Intimacy. Harper.

塞で倒れ，スタイナーは「ストロークは愛である」という彼の信念をバーンに伝えることができませんでした。そのことをスタイナーは後々まで残念に思っていました。

第3章で紹介する『ぬくもりさんのおはなし（*The Warm Fussy Tale*）』に，スタイナーの愛を尊ぶ精神が，幼児にもわかるようにやさしく印象深く語られています。この物語は交流分析の領域を超えて，広範な人々に読まれる物語となりました。

愛を強調するスタイナーは，愛の対極にあるものとして，だれもがもつ「**批判的親** ⓒⓅ」（注：CP は Critical Parent の略です）を，人間が本来もつ愛を抑制し精神の自由を束縛するものとして激しく非難します。人間の精神に真の自由をもたらすためには，「批判的親 ⓒⓅ」からの解放が必要であり，子育て，教育，社会活動などに「批判的親 ⓒⓅ」の存在は一切必要ないと説きます。

交流分析において「批判的親 ⓒⓅ」は，肯定的働きと否定的働きの両面をもつと一般に理解されていますが，スタイナーはそうは考えません。スタイナーによれば，「批判的親 ⓒⓅ」は人々の心の平和を乱し，愛の発達と発露を妨げ，子育てにおいても教育においても精神の自由を妨げるものであり，積極的に，また全力を尽くして排除しなければならないものであると言います。

筆者はスタイナーの講演を聴いたり，彼が主催した「ストローク・シティ」というワークショップに参加することがありましたが，彼が「私は3人の子ども育て，6人の孫の養育を見守ってきたのですが，『保護的親 ⓝⓅ』と『成人 Ⓐ』の自我状態があればそれで充分でした」と語ったのは大変印象的でした。

2017年1月9日，死の床にあったスタイナーが，こよなく愛した湖のほとりで家族に語った最後の言葉は「私の人生において愛を強調してきたのは間違いではなかった。私は幸せな人生を送ることができた」というもので，その時スタイナーは82歳でした。

スタイナーは，愛を理論的に重視しただけではなく，愛をもって社会を生きるためのトレーニングを行い，そのための方法である〈**ストローク・シティ**〉を生み出しました。そこでスタイナーは，いかに人にストロークを与え，また，人からもらうか，そして，互いにストロークを交換し合い，常に心の中を温かい，肯定的なストロークで満たしておくか，私たちが互いに幸せになる条件とその方法を提案したのです。その実践の記録と方法は第3章を中心に具体

的に紹介されています。

2.「感情表現能力」の強調

スタイナーが活躍する前のおよそ30年間，心理の世界で強調され，価値を置かれてきたのは，「知的能力 (intelligence)」です。一方「感情」は，物事を客観的に合理的に理解するのに邪魔になるものと見なされてきました。

ミシガン大学で物理学，工学などを学んだスタイナーは，（大叔父が第二次世界大戦中マンハッタン計画に参加していたこともあり）このまま理系に進んでいくと原子力の研究に突き進んでしまうことを恐れ，実験心理学の道を選択しました。しかしその道は「優れた実験心理学者が顔色を変えることもなく，動じることもなく，生き物から脊髄を引き抜く」道であると知るのですが，8年間そのような実験心理学に従事しました。その間「感情」を失ってしまったとスタイナーは告白しています。失った感情を取り戻すのに，どれほどの年月と努力を要したかも率直に語っています。

スタイナーは「EQ（感情表現能力）」は「IQ（知的能力）」と並んで，あるいはそれ以上に健全な人間のあり方，生き方に重要であると説き，「感情表現能力」を伸ばす具体的な方法を生みだしました。

3．自由で民主的な社会を目指す交流分析

人類の歴史と同じくらい古くから存在していた権威主義的支配は，私たち人間誰もがもつ貴重な潜在的可能性を蝕んできた，とスタイナーは言います。「批判的親 CP」は支配的で権威主義的家父長制度を強化するもので，愛とは敵対関係にあります。「批判的親 CP」は見えない形で，あるいは見える形で，今なおあらゆる社会において恐るべき力をもって生き続けているのです。

スタイナーがエリック・バーンに出会い師事した15年間は，米国がやがて次第に泥沼化するベトナム戦争に参入して苦闘した時期でした。交流分析によって人間の心の解放を目指すスタイナーは，戦争で心を病んだ多くの兵士や市民と接するなかで，交流分析は自由で民主的な社会を目指すものでなければならないと考え，志を同じくする仲間とラジカル精神医学 (radical psychiatry) を旗印に，目覚ましい働きをしました。**psychiatry** の本来の意味は「魂の癒し」ですが，スタイナーは精神医学は本来の意味に立ち返らねばならないと信じた

のです。

　自由で民主的な社会の実現はいかにして可能か。スタイナーのアプローチは政治や経済や制度に直接向かうものではなく，それらの根底にあって見えないところで人間，したがって社会を支配する，人間心理の否定的原理である「批判的親 ⓒⓅ」を追放することにあると考えました。「批判的親 ⓒⓅ」が追放された社会は，人々が抑圧から解放されて平和に暮らすことのできる社会であり，そうした社会の実現こそが世界の平和に貢献する力になる，とスタイナーは信じたのです。

4．実証的な交流分析を目指す必要性

　スタイナーが実証的な交流分析を目指すのは，彼がもともと工学と物理学を学んだ科学者であり，科学の精神と方法論を熟知していたということにあると思われます。

　交流分析が，人の心をひきつける魅惑的なメタファー（比喩）や洗練された格言と新語の集積として始まったことが，70年代に交流分析が人気を博すことになった基盤でしたが，スタイナーは，交流分析を含む一般的な行動理論はどの理論もメタファー，メソッド，科学の三つの要素を含んでいると言います。

　心理学において，ある方法が有益であると思われた時，メソッド（手技，方法，技術）が形成されはじめます。

　そのメソッドによる成果が実証されると，そこからメタファー的な説明が導き出されます。その後，調査，研究によって最終的にそのメソッドの有効性が明らかになれば，科学としての正当性が確認されます。

　交流分析は基本的に，魅力的で，優れたメタファー（例えば，ストローク，親の心，成人の心，子どもの心など）やメソッドをもつが，それらは事実と矛盾するものであってはいけない，直観の正しさはやがて実証されなければならない，とスタイナーは考えます。

　現在では行動科学の研究が進んでいるので，交流分析と関わる分野に特別な注意を払い，交流分析理論の裏づけとするためのさらなる実証研究を積み上げていくことが必要であり，専門家や学界からまともな評価を得たいと考えるならば，スタンプ，ギミック，ポテト，ラケットなどの「おどけた新語」をやめ，標準的な国語辞典に書かれている言葉に置き換えることが必要である，と述べ

ています。

　本書は，"*The Heart of the Matter: Love, Information and Transactional Analysis*" の訳であり，原著は2009年，TA Press, U.S.A, California から出版されました。なお，原著の Introdution と Chapter 1 は，2009年以後に著者自身の手による一部の削除と一部の加筆・移行があり，その結果，原著の Chapter 1 は，今回の訳では第15章に移行されています。

　校正に取りかかっている時に，新型コロナウイルスの流行に遭遇し，本書の完成が大幅に遅れました。誠信書房の編集長，中澤美穂氏の終始変わらぬ寛大な忍耐なしには本書は完成しませんでした。心より御礼申し上げます。また，小寺美都子さんには，正確で緻密な翻訳の知識にどれほど助けられたことでしょう。必要な時にいつも必要な助けを出してくださったことに心より感謝申し上げます。ありがとうございました。

　2021年 2 月

白井幸子

序　文

　私はかねてより，交流分析（Transactional Analysis: TA）は，個人の健康
や幸福の追求を超えた目的をもたねばならないと考えてきました。交流分析の
もっとも基本的な概念は，二人の人間の出会いにおいて複雑に変化する対話と
して表現され，それらは多くの場合，明白な，または隠された動機によって支
配されています。

　しかしながら実践においては，交流分析の基本は家族，友人，知人，そして
同僚を含む日常的に接する世の中全体にまで広げられ，その結果，交流分析は
個人のもっとも親密な社会環境を超えて拡大していくことを避けることができ
ない状況になっています。その内容に伝統や風習や信念によって多少の違いが
見られるとはいえ，社会とはこのような日々の相互作用の集合体として定義さ
れるものです。

　たとえ交流分析の基本的な関心が，個人が自分のもっとも身近な社会との出
会いにおいてどのように反応し，どのように行動するかという点にあるとして
も，私は，個人と社会は交わらざるを得ないこと，そしてそれを認めることが
交流分析にとってもっとも基本となるべきことであると信じる一人です。

　もしメンタルヘルスが健全な統合社会を目指すなら，あるいはそこに導いて
くれるとするなら，私たちは健全な社会の構成要因であるさまざまな大きな問
題に関心をもつことを，避けたり無視したりすることはできません。

　現在，私たちをとりまいている情報過多社会は加速度的に発展していて，そ
れが私たちの集団心理に影響を与えていることに疑いの余地はありません。そ
の影響と効果に対し，私は，交流分析も他のセラピー的手法も同様に積極的に
向き合わざるを得ないと考えます。

　心理学は古くから経験を通して変容してきたものです。その一方で，私たち
人間の悲劇的で不合理で辛辣で，時には私たちを奮起させるような周囲の世
界，とりわけ他人との関係を解明しようとする試みとしては，心理学は驚くほ
ど日の浅いものです。これは，世界が否応なく互いに引き寄せられ，暴力，飢
え，民族紛争，戦争が増す一方に思われる世界の現実に対する単なる皮肉，あ

るいは致命傷には至らないもたつきなのでしょうか。それとも人間のもっと深いところに潜在する致命的な無能さなのでしょうか。そんな疑念が私の脳裏をふっとよぎります。

クロード・スタイナー博士は，懸命に，私たちに実戦可能な解決策を指し示してくれます。その解決策とは，もっとも明らかであるにもかかわらず，見過ごされ，感謝されず，今まさに絶滅の危機にさらされている愛です。スタイナー博士はこう述べています。「冷笑と孤独というパターンが社会の文化として増殖し，私たちの愛という力と能力が回復する障害となっています」。

愛は私たちの理解力，知性，共鳴力，そして何より誠実さを導き，人間としてもっとも価値のある正直さを発展させます。またスタイナー博士は，「人々が力と自由を掲げて，集団の行動を引き起こす力——それが愛です」とも述べています。愛は，どんな状況においても私たちが守り，育み，奨励していくものでなければなりません。それは生きるか死ぬかに関わる問題なのです。

テリー・バーン

（テリー・バーンはエリック・バーン氏の末の息子。作家，文明評論家。スペイン，マドリッド在住）

謝　辞

　ここにはこれまで私が書いてきたこととおよそ異なることが書かれているのですが，私の考えを支持してくださっている方々は，これまでお伝えしてきたすべての概念がこの1冊に，可能な限り明確に，読みやすく納められていることが，おわかりいただけると思います。

　そして私の師であり友人でもあった交流分析の創立者エリック・バーン氏が，この世を去る前に過ごした10年間のうちに，交流分析を生み出し，その理論と実践を寛大に分かち合ってくれたことに，心からの感謝を申し上げます。

　私の仕事のカギとなる考えを提供してくれた，ホギー・ワイコフさんに特別な謝意を表します。また「ラジカル精神科医」の同僚であるジョイ・マークス，ベックリー・ジェンキンズ，ベス・ロイ，ロバート・シュエーベル，カルメン・ケアー，ダルカ・ニコルソンは，本書で提示した概念を言語化し行動に移すことを助けてくれました。そして長年にわたり一緒に考え，活動してきた交流分析の同僚たち，デントン・ロバーツ，スティーヴ・カープマン，ジャック・デュセイ，ケイス・チュドア，カルロ・モイソ，テッド・ノベイに感謝します。

　私の感情表現能力運動の同僚たち，ハルトムト・オバディエック，マーク・デボス，リリイ・ラッセル，エリサベス・エデマ，ミヒャエル・エッペ，シルビア・カヴァリエ，アン・コールハース・リース，リチャード・レイス，ハインツ・アーバン，ペトラ・リーダ・セッガー，ノベルト・ナーゲル，マンフレッド・キーワルド，マリエル・コエイトロ，ベッキー・ジェンキンスにお礼を申し上げます。彼らは感情を安全に表現できる社会にするために，感情の勇士として活躍しています。

　そして最後に，妻であり信頼できる友として，15年間共に歩んできた，ジュード・スタイナー・ホールに感謝します。彼女はこの本のタイトル，そして「解放の心理学」という言葉を提案し，この本の一つひとつの文章に二人が納得できるまで推敲を重ねてくれました。彼女は私のつたない英語に手を加え，理論的な曖昧さを正し，本書に特別な輝きを加えてくれました。このような意欲的で才能にあふれた女神が側にいるという，きわめて恵まれた人生に心から感謝しています。

クロード・スタイナー

第Ⅰ部　心の真髄

第Ⅰ部

心の真髄

第1章

序　論

　「クロード・スタイナー……？」。私が自己紹介すると，その名をくり返した後で思いあたるようにこう言われる方がいます。「アメリカの西海岸のバークレーで，ラジカルなんとかという活動をされていた，あのスタイナーさんですか？」。また，ごくまれに，次のようにおっしゃる方もいます。「なんとまあ，クロード・スタイナーさんですって！　私（それに私の母，妻，姉）もあなたのファンですよ。まだ生きていらっしゃるとは思いませんでした！」。

　そうです。私は77歳で，このとおり健在です。名声などとは縁遠い存在ですが，人生の集大成として，これまでにやってきた心理学とセラピーに基づく活動と思考の一切について，ここでまとめてみようと思います。

　自分で言うのも気恥ずかしいのですが，私は長く変化に富んだ専門家としての人生において，交流分析を通じ，人々が本来もっている力を存分に発揮し，開花させることができるように手助けしてきました。

　私たちは，自分が可能性に満ちていても，何もないところではそれを開花させることができません。自分が成長・発展するためには，周りの人と一緒に成長・発展していくことが必要です。ですから，私は誰もが自分の可能性を実現できるよう力づける協力的な社会ネットワークと，それを維持するシステムの開発にも努めてきました。

　私は，人間は何千年にもわたり絶えず支配と抑圧的な社会秩序のなかで生きてきたと確信しています。現代社会の仕組みは，「類人猿的な社会構造」が発展もしくはそのまま継承されてできたもので，霊長類的な縄張り意識と序列関係を内包した階級社会です。

　このような時代遅れの権力構造では，少数の力強い男性のエリートと，彼らに選ばれた後継者たちの利益のために大多数の人々が利用されて，その他の人

は，ただ生き残れるか否かという状況に置かれてきました。

　私は交流分析の専門家として，その研究と発展に努めてきました。交流分析は1950年代にエリック・バーンにより生み出され，70年代からアメリカを中心に認められ，目覚ましく広がりました。やがてアメリカ全土から世界へと広がり，多くの人々にいろいろな意味とさまざまな形で受け止められるようになりました。

　しかしながら，交流分析には世界的に一貫した共通概念があります。それは「どの人も OK な存在として生まれてきた」という概念です。交流分析は，一人ひとりの可能性と成長を実現するため，心身の健康と自己表現を成し遂げるための道具を提供しているのです。

　世界中に自由を求めている人々が何十億人もいて，そのなかの何百万人もの人々が，自由の実現に向けて実際にさまざまな方法で戦っています。私は自由で平等な人間関係の本質がどのようなものであるかを解明し，その発展に寄与したいと願っています。私はこの課題を，小さなグループや個人対個人のやりとりのなかで，民主主義的な協力と自由を推進させるのに必要な，実践的，かつ愛を中心に置く手段を提供することによって，達成したいと願っています。そのために私が提案するのは，この情報化時代に成長し続ける技術によって強化される，交流分析という手段です。

　以下の，短い命題が，あなたにとっても有意義なものとなれば幸いです。

　　　支配的で暴力的な社会体制と，一人ひとりのなかにある「批判的な親
　　ⓒⓅ」がつながることによって，人間に潜在的に内在する満ちあふれる愛
　　情，喜び，創造的思考が数世紀にわたって抑圧の対象となってきました。
　　交流分析は，この抑圧されてきた能力を，力によるゲームのない，心を中
　　心とし，情報に基づいた，平等で協力的な社会の下で解放することができ
　　るのです。

解放の心理学

　過去45年間の仕事と私自身の特徴を述べるにあたり，私は自分にどんな肩書きをつけたらよいかと考えてみました。まず私は，人々の人生における人間関

係を，契約によって改善する交流分析家にほかなりません。また私は，可能な限り知識と有効な研究に基づく，学問的で科学的な臨床心理学者です。

　私が60年代に使っていたラジカル精神科医という言葉は，医師の肩書きを表す言葉ではなく，伝統にとらわれない仲間の当時の活動を示す特別な用語であり，その語源に立ち戻り，精神と魂を癒す活動をした時に使用したものでした。さらに私たちはラジカル精神科医として，人々の間でどのような力が働いているか，どのようにして人々は虐げ合い，病むのか，あるいは協力し合い，癒えていくのかを分析してきました。

　ラジカル精神科医としての私は，子どもたち，年配者，女性，男性，有色人種，同性愛者，貧しい人，つまりはすべての人が，どのように自分自身がもっている多種多様な力や可能性を遠ざけ，明け渡してしまうのかという点に関心を抱いてきました。また，人と人との交流において，私たちがこの疎外された状態からいかに解放され，多種多様な本来の力を取り戻すことができるのか，その探究に専念してきました。

　さらに，私は感情のために戦う戦士でもあり，感情表現能力のトレーニング手法を用いて人々の感情や精神面の自己解放のために頑張っています。むろん，自分自身の解放も含めてです。そして最終的な私の生涯の仕事と生きがいの真髄は，人間の精神をその足かせから解放することです。精神の束縛となるものは，本能的なものであったり個人的なものであったり，また社会や文化的なものであったりします。同時に私は常に自分自身の解放をも試みてきました。こうして私は自分のことを最終的には解放の心理学者と呼ぶようになりました。

「解放の心理学」，その根拠は何でしょうか？

　私たちは誰もがはかりしれない可能性をもって生まれてきています。私たち一人ひとりの遺伝子に備わった才能は，適切なタイミングで適切な環境に置かれると開花します。10やそれ以上の多国語を話す才能を示したり，素晴らしい演技の体操選手になったり，コンサートピアニストになったり，コンピュータの天才になったり，適切な環境によって長く幸せな人生を享受することが可能になります。

　反対に，支えもなく，致命的なタイミングで精神的外傷（トラウマ）となる体験をした場合，私たちは誰でも運に救われない限り，卑屈な落伍者や希望な

き依存者または冷酷な犯罪者に成り下がり，短く惨めな人生を過ごすということになりかねません。

　心理学と進化論における科学的研究はまだ新しい学問であり，いまだに人の人生を予測したり解明したりするまでには至っていません。ほとんどすべての説明や治療法は直感的で，発案者の価値観，信念や思考に基づくものであり，ごく一部を除いてその有効性はまだ実証されていないのです。ここで，観察や勘や科学的研究（この順序にこだわらなくてもよいのですが）に基づく，自分の核となる信念をお伝えしたいと思います。

①人はOKな存在として生まれてきます。完全にすべての人がOKだと言い切れないのは，先天的な感情移入の欠落や深刻な精神障害をもって生まれてくる人が，ごく少数いるからです。しかし，圧倒的多数の人は健康的であり，他人や自然と調和しながら暮らす環境のなかで，病気に対する自己治癒力や愛し愛される感受性を与えられています。感情を受け止めることができ，正しい情報を得れば適切な考えを導くこともできます。人は，健全な環境において，自然や他人と調和して生活を営める存在なのです。

②一人ひとりがすでにOKな状態で生まれてくるにもかかわらず，その状況に混乱が起きるのは，主に社会的影響という外部の圧力を受けるためです。この圧力を自己の内部に取り込み次世代へ引き継いでいくことが，自分本来の可能性の開花を妨げることになるのです。

③人間は，自然がもたらす，癒しの手と言われるような自然治癒力をもっており，本質的にOKな状態が損なわれるような時も，可能な限りそれを修復する能力を備えています。治療者の仕事は，人が病気になったり体調が悪い時，その自然治癒力を引き出し，力づけることです。

④人々が直面している多くの問題は，人間関係の混乱によるものです。交流分析は交流を分析するものであり，私たちが人間関係を理解し，調整し，また必要な時には壊れた人間関係を修復するための理想的な道具です。

事　例

　それでは，私の考えが，今の時代のもっともありふれた悩みであるうつ病にどのように適応しうるか，具体的な状況にそって説明しましょう。

　ダナ（45歳女性）には次のような症状があり，助けを求めて私を訪ねてきました。彼女は長い間自分を不幸な存在だと考えていました。食欲や性的な欲求がなく不眠症で，しょっちゅう泣いてばかりいました。時には怒りと憎しみで爆発することもあり，診断によれば慢性のうつ病ということでした。数年にわたって，抗うつ薬と精神安定剤（ベンゾジアゼピン）を併用しながら心理療法を行い，あらゆる手を尽くしましたが効果は微々たるものでした。

　ラジカル精神科医としての視点から検証すると，次のような問いが出てきました。彼女をこんなに長い間寂しく不幸にしているものは何だろう？　私は，彼女のうつ状態に，隠れた生化学的または遺伝的な原因があるとはじめから考えるのではなく，現在の生活環境に，感情的ストレスを引き起こす要因があるかどうかを調べました。ダナの絶え間ない悲しみについて，ダナの視点からいろいろ考えてみると，彼女は自分の夫と家族に少しも愛されていないと深刻に感じていることがわかりました。そのため，夫や家族やその他誰をも愛せないという問題がありました。

　交流分析家としての私の提案により，彼女の合意を得た上でうつ病を治す契約を結びました。それ以降，うつ病を克服するために何ができるかが私たちの毎週の目標になりました。私たちは彼女の人間関係を見直し，彼女と夫，子ども，友人たちとの間のストロークに関して，彼女がくり返し寂しさに陥るパターンを発見しようとしました。

　その結果，彼女のなかには強力な内なる批判者が存在していて，家族とのゲームにおいて，彼女は犠牲者の役を演じる傾向が強いものの，時には迫害者を演じることも明らかになりました。彼女は夫からのセクシュアルな愛情表現も含め，自分が欲しい承認や愛情表現を受け取ることをあきらめていました。また彼女は，愛情を表現することもできませんでした。

感情表現能力のトレーナーとしては，彼女を支配している悲嘆やそれに関連する怒りや絶望に焦点を当てつつ，彼女自身が自分の混沌とした感情を検証，調査し，表現できるように手助けをしました。その際，彼女の混沌とした感情を単純に心理的なもの，あるいは精神病と決めつけず，論理的に原因を追及し，治療策を探求し続けました。

　さらに解放の心理学者としては，ダナが自分自身のなかの，愛し愛されるという欲求の実現を妨げる「批判的な親 ⓒⓅ」と対決し，それに打ち勝つことができるよう力づけました。彼女が自分を，愛のない環境に生きる無力な女性であると決めつけず，彼女自身がもつ健全な自然治癒力を信頼し，自分でこの悪循環から脱出するための道具を提供し，サポートするようにしました。

　また，科学的な心理学を背景とする心理学者としては，薬の効果は限定的であり，社会的支援と，さまざまな認知療法や行動療法が有効であるという，うつ病についての実証された事実に基づきました。ありがたいことに，彼女は1年も経たないうちにうつ病を克服し，契約は終了となりました。そして，次は，やりがいのある新しい仕事を見つけるという新しい契約を結ぶことに双方が同意したのです。

　この事例のように，実際には交流分析，ラジカル精神医学，感情表現能力，臨床心理学，そして解放の心理学を統合し，実践していきます。ストロークと情報を中心とした交流分析とは，上記の視点を統合したものであり，それこそが，愛こそが究極的な答えである，ということなのです。

第2章

新しい心の創造

　人間の進化の過程において，私たちは現在，地上のすべての人に影響を与える変化に直面しています。これまでの階級的，縄張り的，そして生来暴力的で競い合う存在としてのアイデンティティとは異なる，新しい動機に導かれたアイデンティティの芽生えによる変革を体験しています。この新しい動機は，領土の保護にではなく，子孫を保護することにあります。競争相手を排除せず，彼らと協力していく，血縁関係も超えた子孫の保護です。

　この進化における変化は，遺伝によるものではありませんが，遺伝に影響を及ぼす側面があります。それについては後ほど改めて説明したいと思います。ここで扱う変化は「ミーム（模倣）による」進化です。今この段階では，それは遺伝形質と同じくらい確実に，次世代に伝達されていく心のコンテンツ（内容）の進化である，という説明で十分かと思います。

　ミームは遺伝子と同様に情報を運ぶ媒体です。遺伝子が身体の各細胞のなかに埋め込まれ伝達されるのに対して，ミームは私たちの心のなかにある思想であり，愛，戦争，結婚，神，科学，種族，芸術など，永続性のある思想的概念です。

　遺伝子は，身体から身体へ，精子と卵子を通じて遺伝子プールから次世代の遺伝子プールに伝達されます。ミームは，脳から脳へ「ミームプール」とでも呼ぶべきものを通して，同世代には水平に，次世代には垂直に伝達されます。ミームは書面や語りを通じて伝達されます（Dawkins, 1998）。こうして何百万という多くの思考が伝達され，持続する思考となって，私たちの人生に大きな影響を及ぼしています。なかでも，神，戦争，善悪などはきわめて永続的なもので，何世紀にもわたり私たちに影響を及ぼします。

　一方で，大変短い寿命でありながら，消える前に集団意識へ影響を及ぼすよ

9

うな，非常に力強い概念があります。ジャンヌ・ダルク，ビートルズ，無声映画の存在，ジョージ・W・ブッシュなどが，その例としてあげられます。さらに，永続性も広がりもそれほどではないミームもあります。例えば，週刊誌を賑わせた不倫騒ぎ，一時的な有名人，また流行とともに消える健康食品，ダイエット方法やグッズなどです。

　遺伝子情報は確実に引き継がれ，発展していきます。もし情報の一部の伝達を止めようとするなら，遺伝子を引き継ぐ人間自体を殺すしかないほど，確実に伝達されるのです。一方，ミームは，外的要因の影響を受けやすいという性質があります。例えば，特定の文化の消滅や，暴君による思考の支配や監視によってミームの伝達は中断されます。

　一つの事例として，旧ソビエト連邦時代の出来事を見てみましょう。当時ソビエト連邦の中枢であるクレムリンは，「神」という信仰を撲滅しようと企て，その結果この国の多くの人たちは無神論者となりました。しかしその一方で，ロシアには強い宗教心をもつ人たちも数多く存在しています。どんなにがんばって消滅させようとしても，神，自由，民主主義，平等のように，再び息を吹き返すミームによって根強く続く概念があります。

　なかでも，愛は，古代から続く，もっとも力強い概念です。しかし，人間の進化の歴史から見ると，愛というミームは，おそらく最近出現したものです。私たちは愛を考えるずっと以前から，食物や住居，自分の物と相手の物，太陽，月，暑さ，寒さなどというミーム全般について語っていたのではないでしょうか？

　では，いつから愛を感じ，愛に動機づけられることを意識しはじめたのでしょう？　どのようにして愛は意識的に語られる概念となり，なぜこのように根強く存続しているのでしょう？　おそらく，愛は遺伝によって解剖学的に身体すなわち脳に埋め込まれ，発展し，語られ，書かれ，歌われて伝達されることで，ミームプールのなかに実在する概念として定着するようになった，と私は推測しています。これが遺伝的な変化をもたらしたと考えられ，現在の研究により，そのことが明らかになりつつあります。

ミームと脳

　文化，言語，思考，願いといった継続するミームの進化に伴って，生物学的変化が起こることがあります。それは世代を超えた長期的ミームが，どの生命にも適用されている選択的生存のメカニズムによって，遺伝子にまで影響を与えるからです。

　愛の伝達に関しては，親和的かつ協力的な社会において，遺伝的にも親和的な傾向をもつ人がより生き残る可能性が高くなります。例えば，自由と平等，平和，協力，愛など，世代から世代へと伝達されるミームの進化は，解剖学的変化を伴う世代間の進化をつくり出していきます。そんな解剖学上の遺伝的発展によって，愛と親密さをもっている人たちには，より適応力の高い生存能力が授けられます。

　ひとつの概念がミームとして，どのように実社会のなかで継続的進化をするのか，例として公正さを求める市民権という概念について考えてみましょう。このような概念の進化は，一人ひとりが苦労して学び，代々引き継がれる文化的パターンによるものかもしれませんが，解剖学上の進化によって引き起こされているとも言えます。それは先天的な行動を決定づける脳の機能が，一つの支配や抑制機能を担当する部分から別の協力的機能を担当する部分へと移行した結果であるとも考えられるからです。おそらく，ミーム的変化と遺伝的変化の二つの過程が並行して進んでいるのではないでしょうか。このようにして，人類の脳はより平等主義の傾向へ発展している可能性があります。私たちの歴史は，ゆっくりとですが確実に，支配から親和へと移行しているのかもしれません。

　ミーム変化が起きる際，平行して起こる遺伝子変化の例の一つに，愛や愛する気持ちの発展があげられます。私たちの脳のなかには支配的，暴力的，階級的，占有的な傾向をもつ部分があり，一方で親和的，保護的，協力的な傾向をもつ部分があります。現代の私たちの脳の働きは，前者から後者へと移行しつつあると思われます。

愛の解剖学——脳の三層構造

　国立精神衛生研究所の研究者，ポール・マクリーンは，1973年に三つの部分に分かれている人間の脳が進化論と一致していると述べました。脳の三つの部分とは，爬虫類脳，哺乳類脳（大脳辺縁系）と大脳新皮質です。

　彼は，三つに分かれている脳を「三層脳」と名づけ，大脳新皮質と爬虫類脳が，別の素材でできている層で隔てられた構造になっていると指摘しました。1879年に，この中間位置にある層を特定したポール・ブローカは，これらを哺乳類脳（語源：ラテン語 limbus＝border＝縁）と名づけました。

　近年，神経学の研究によって，脳は個別の層として働くのではなく，織り重なってネットワークをなす相互の密接なつながりによって，進化していくものであることが明らかになってきました。

　脳がネットワークとして機能していることと，神経解剖学的に進化段階の異なる脳，すなわち爬虫類脳と大脳辺縁系が存在することは，矛盾することではありません。最初の形成期にあたる爬虫類脳と，次の時期の哺乳類脳は解剖学的に区別可能であり，さらに両者はその後形成された大脳新皮質とも区別できます。この三つの脳がお互いにどう影響し合っているかについては，まだはっきりと解明されていませんが，MRI（磁気共鳴画像）の技術により多くの研究成果があげられています。以下三つの脳を一つずつ紹介していきます。

爬虫類脳

　爬虫類脳は，生物の進化のなかで最初にできた複雑な神経ネットワークであり，私たち生物の循環，呼吸，消化，排泄，繁殖などの機能を司っています。行動においては攻撃と防御，感情においては怒りと不安に関与します。

　脊髄と脳の位置を，ゴルフクラブを逆さまにした状態に喩え，脊髄をゴルフクラブの柄とすると，脊髄の一番上部に位置するのが爬虫類脳です。人間の爬虫類脳は，進化の過程でトカゲや蛇だった頃の原型が進化した形であり，機能面でもトカゲのそれと同様の働きをなしつつ，同時に後から進化した残りの二つの脳，すなわち辺縁系脳と大脳新皮質と相互に情報交換を行っています（Lewis et al., 2000）。

大脳辺縁系脳

　爬虫類は自分が産んだ卵を放置し，場合によっては，その卵を即座に食べてしまうということもあります。爬虫類に子孫を守るという行動があるという事実は現在まで知られていません。進化の途上で子孫を守ることが生存のための有効な戦略になるにつれて，この守護の機能を司る大脳辺縁系が発達します。力の強い雄が自分の縄張りを守るように子孫を守ること，それが大脳辺縁系脳の目的です（Lewis et al., 2001）。

　このように，守護（守り，守られる）には，好意的に引き合う衝動（つまり愛）の基盤となるふれ合いと認め合う欲求が必要です。ふれ合いに対する欲求（交流分析ではストロークと呼んでいます）は，交尾したペアの絆，母と子の絆，そして多少弱めではありますが，父と子の絆をつくり出しています。このようなつながりによって社会的なグループが生まれ，子孫の生存率を上げていくのです。

　愛，悲哀，嫉妬や希望といった感情は，大脳辺縁系脳による現象であり，犬，猫，馬，猿などの恒温動物に存在するものです。

大脳新皮質

　解剖学的には爬虫類脳を大脳辺縁系脳が覆い，またそれを大脳皮質と大脳新皮質が包むように覆っています。大脳皮質と大脳新皮質はもっとも複雑な脳の部分であり，一般的によく知られている部分です。

　大脳新皮質は，話す，書く，企画する，そして記号の概念や因果関係を理解するという，高度なミーム機能を司っています。大脳新皮質の進化と拡大により，熟成した脳全体が母親の産道を通過できないほど大きくなったため，新生児は脳が未成熟の段階で産道を通り，誕生後，脳の大きさと機能が成熟段階に達します。その期間，新生児は周囲から守られる必要があり，大脳辺縁系脳の保護的働きによって，大脳の発展が可能となります。

　その時期の脳の成熟を保護する社会的ネットワークの確立は，ミームによる進化を可能にする基盤ともなりました。概念と言語を通じて発展するミームの具体的な課題としては，母性愛，父と母の間にある男女としての愛，そして社会のなかにある個人と個人における愛があげられます。

古代エジプトからロミオとジュリエットの時代までの愛の表現の進展を，ダイアン・アッカーマン（Ackerman, 1994）が著書『「愛」の博物誌』（邦訳：河出書房新社，1998）で年代順に記しています。

　親和的概念が精巧につくり出されると同時に，敵対的概念とそれに伴う縄張り主義的，社会階級的，攻撃的，そして防衛的姿勢を表す言葉も生まれてきます。恐れ，怒り，嫉妬，（侵略），戦争を表すような言語や詩や音楽も生まれ，それを熱烈に支持する人たちも現れました。

　親和的概念も無数の表現を生み出します。時には情熱的な恋，家族の伝承，愛を描く小説，歌，そしてロマンティックな映画や演劇，また愛の営みや子育てのマニュアルなど，多彩な表現が存在します。一方，敵対的概念はその敵対する行動を促す方法を巧みに生み出してきました。例えば，他の縄張りへの攻撃や自分の縄張りの防衛方法，軍事戦略と武器，軍事資料と軍事教育機関，敵対行動に伴う概念（愛国心，ナショナリズム）の発展などが挙げられます。

　もし，愛のミーム（親和的概念）と，嫌悪のミーム（敵対的概念）の，精巧な度合いを天秤にかけるとしたら，愛にひとかけらのチャンスもあるとは思えません。しかし愛は，ミームによって広がっていくなかで挫折をくり返しているにもかかわらず，決して屈することを知らないようです。これは大脳辺縁系脳（守護，協力）と大脳新皮質（概念とミーム）の原動力が，爬虫類脳（攻撃・防御，怒り・不安）よりも優位であることによると思われます。そして私たち人間の歴史において，愛だけが生存の原動力だと考える人もいます。

　大脳新皮質は哺乳類脳（大脳辺縁系脳）と爬虫類脳を，コントロールし調整します。この大脳の発達によって，繁殖と攻撃機能，また守護と親愛的な行動を理性でコントロールできるようになりました。しかし，この機能に関して，ジョセフ・ルドゥー（Le Doux, 1996）は，著書の『エモーショナル・ブレイン──情動の脳科学』（邦訳：東京大学出版会，2003）のなかで，この大脳のコントロール機能が，練習や訓練を積んでいないと不調となる場合があると述べています。特に爬虫類脳と哺乳類脳に生じる感情の動きは，大脳新皮質に大きな影響を与えて，その思考を支配することがあります。

　私たちは自分の思考によって感情を引き起こすことは容易にできますが，反対に感情を消すことは容易ではありません。大脳新皮質にとっては，学びの機会がない限り，このような感情の調整が一番難しい課題なのです。エリック・

バーンはこの課題を,「成人Ⓐ」によるコントロールと呼び, この学びを目的にしたトレーニングを, 感情表現能力・トレーニングの最も重要なゴールとしました。

自我状態

　脳科学と交流分析は平行して発展していると見られます。脳の三層構造説をマクリーンが提示する約25年前に, エリック・バーンは三つの自我状態を提示しました。バーンは, それまでの理論の形成期には, 人間の行動（精神分析の用語で言うところのエゴ）を二つに分けていました。一つは原始的な精神と心であり, これを簡潔に「子どもⒸの自我状態」と名づけ, もう一つの新しい精神と心には「成人Ⓐ」という名を与えました（1961）。「子どもⒸ」は私たちの情緒的な自然の性質,「成人Ⓐ」は感情に束縛されない理性的性質と関わります。

　バーンはこの二つの自我状態とその後に追加された「親Ⓟの自我状態」が, 解剖学的に脳を代表すると見なしました。「成人Ⓐの自我状態」は大脳新皮質に,「子どもⒸの自我状態」はより原始的な脳の部分に関わると考えたのです。バーンは, ある短い時間で見ると, 一つの自我状態のみが優性となるため, 誰にでもそうとわかると考えました。

　バーンは主に進化論と神経科学という二つの学問から深い影響を受けています。自我状態と三層脳の理論には考慮に入れるべき違いがありますが, 明らかな類似点もあります。最近の心理学的進化論の研究は, 私たちの心はより適応能力が高い「モジュール」（ある特定の精神活動のための機能ユニット）で構成されているという説を立てています。

　このモジュールという概念は最初にノーム・チョムスキーにより紹介されました（Chomsky, 1998）。彼は, どの人間にもすべての言語をつくり出す遺伝的文法, 言語モジュールが生まれつき備わっているという説を立て, それは後に, 新しい神経科学と進化論によって裏づけられました。また, その後のさまざまな分野のモジュール研究により, 視覚的情報をどのように処理するか, また自分たちの子孫にどのように関わるかなどに関しても, 同じようなモジュールの存在することが解明されてきています。

スティーブン・ピンカー（Pinker, 1999）は著書『心の仕組み』（邦訳：NHK出版, 2003）において，心理学におけるマインド・モジュールの進化について，すばらしい説明をしています。私は，交流分析の三つの自我状態は，三つのモジュールとしてもとらえることができ，私たちの適応能力をつくり出している一部であると考えています。

三層脳の働き

日常生活において，三つの脳が具体的にどのように機能し，お互いに影響し合っているかを一つの具体例を通して見ていきたいと思います。

ハロルドは，子どもを大切に思う温かい父親です。ちょっと冷え込んだある朝の出来事です。11歳の息子，ペドロが学校に出かける時，ハロルドは息子にもっと暖かいコートを着るように声をかけました。しかし息子はコートを着たがらず，「大丈夫だよ」と父親の申し出を丁寧に断ります。

ハロルドは「寒いから着ていった方がいいよ」ともう一度言います。

息子も，「ありがとう。でもいらないよ」ともう一度答えます。

ハロルドはさらに息子を説得しようとしましたが，息子は断り続けます。

すると父親は突然顔を真っ赤にし，態度を一変させました。彼はすっかり怒って息子の肩をつかみ，腕をむりやりコートの袖に押し込もうとします。それに抵抗する息子に，父親の怒りはさらにエスカレートし，「コートを着ろと言っているだろう。さっさと着ろ！」と怒鳴ります。

そうなると息子も怒りはじめます。「ほっといてくれ！」とコートを手に取り，不機嫌な顔で学校に向かいます。父はショックを受けます。もはや怒りは消え去り，悲しく惨めな気持ちになりました。

私はこのやりとりを観察していました。この経過のなかで，父親のハロルドが大らかで愛情に満ちた養育的人格から突然，批判的で攻撃的な状態へと，つまり，辺縁系脳の活動から爬虫類脳に支配された行動へと変化していきました。

私はハロルドに，息子さんとのやりとりをどう感じているか聞いてみました。彼は見てわかるほどふるえ，「息子は自分の世話ができないんだ。あのまま

だと寒くなっても着るものがない。だが，今は少なくとも着るものを持っている」と言いました。

　私はハロルドに「今，自分のしたことにいやな気持ちはしていませんか？」と聞きました。

　ハロルドは数秒考えてからはっきりした口調で言いました。「確かに怒鳴るべきではなかった。しかし，彼に寒い思いをさせたくないので，ああするしかなかったのです」。そしてしばらく考えてから，「実のところ，よくわかりません。息子はあのコートを着るどころか失くしてしまうんじゃないかと思います」

　そして恥ずかしそうに私を見て「実際，私に過ちがあったのは明白です。これは，私と息子がいつも陥るゲーム（第5章参照）なのです。私が息子のためを思ってやっていることが，結果として彼を攻撃することになってしまうのです」と言いました。

　そこで私は言いました。「もう息子さんは自分のことを自分で決められる年齢なのかもしれませんね。あなたはもしかすると息子さんを『救援』（第5章参照）しようとして，必然的に『迫害』（第5章参照）を引き起こしているのかもしれません」。ハロルドは，「そうですね。多分そのとおりです。そこを改善してみます」と，しばらく考えた後に答えました。

　「変化を起こすきっかけとして，息子さんに怒ってしまったことを謝るのも一つの手かもしれません」と私は助言しました。

　彼は「それは，いい考えだと思います」と同意しました。

　この事例では

1．父ハロルドの大脳辺縁系脳の保護的行為は息子のペドロに拒否される。

2．その反応は，次に，父ハロルドの爬虫類脳が領土支配的行動へ移行する引き金となる。

3．父ハロルドの支配的な言動が，息子ペドロの爬虫類脳的反応としての怒りを引き起こす。

4．最終的に，私からの大脳新皮質に向けた問いかけにより，父ハロルド

の爬虫類脳的行動は止まり，大脳新皮質による理論的対応が引き出さ
れ，

5．大脳辺縁系脳の協力的な対応により，謝るという反応が生まれた。

交流分析の視点

交流分析の視点から，以下のようなことがわかります。

①自我状態の視点

息子ペドロが父親の忠告に従わなかった時，父親の自我状態が「養育的な親
ⓃⓅ」から「批判的な親ⒸⓅ」に変わります。そして，息子ペドロが父親を拒否
した時，父親の自我状態が「批判的な親ⒸⓅ」から「子どもⒸ」に変わります。
（そして私の質問に答える際に「子どもⒸ」から「大人Ⓐ」に変わります。）

②ドラマの三角形の視点

ここでは父ハロルドが「救援者」としての立場から始め，息子の健康という
課題に対して，自分の役割以上の行動をとります。（予想通り，カープマンのド
ラマの三角形で描かれるように）彼は息子の反応によって救援者から迫害者に
なり，最後に「犠牲者」となります。私の問いかけにより，彼は「成人Ⓐ」の
会話に入り，ドラマの三角形（第5章図2参照）から抜け出ました。

③ゲームの視点

これは「助けようとしているだけなのに……」と言われるゲームです。相手
の助けとなるストロークを与える試みがくり返し行われた末，相手の存在の否
定に至るという報酬が，すべての心理ゲームと同様に含まれています。この
ゲームでは父と息子双方に残る，疎外感という結末があります。この場合の報
酬は生涯にわたって父と息子の間に疎外を招くというハロルドの脚本（彼の家
族の伝統）の再確認をさらに強化することにもなります。ここでは私が介入し
たことによって，成人Ⓐのコントロールが確立し，未来に向けた行動の選択肢
が広がりました。

交流分析理論は，脳科学と一致するかという問いに関して，現時点での理解
を紹介していきたいと思います。

けれども将来，この部分の議論は批判を受けるかもしれません。交流分析理論を考え出したエリック・バーンは，「成人Ⓐの自我状態」を新皮質機能と同一視し，新精神（新しい心）と呼びました。また，「子どもⒸの自我状態」を原始精神（原始的な心）と名づけ，部分的に，爬虫類脳と関連していると考えていました。「子どもⒸ」と爬虫類脳の関連性については，近代の脳神経科学研究との一貫性が欠けている，という問題があります。また，「親Ⓟ」を外部精神と呼ぶことによって，これが先天的でなく後天的な機能であることを示唆しました。

脳の三層構造理論と照合すると，交流分析の親Ⓟのうち，少なくとも「養育的な親ⓃⓅ」は人間に深く埋め込まれた先天的要因をもとに進化している機能です。一方，「批判的な親ⒸⓅ」は後天的に身につけている可能性もあれば，爬虫類脳的な子どもの自我状態による機能であるとも考えられます。

エリック・バーンは，脳の研究結果に示されている要素を誰もが感覚的に理解でき，それらの相互関係に興味をもてるように，三つの自我状態にそれぞれの物語的イメージを与えました。一つ目は，原始的，先天的かつ感情的な子どもⒸです。二つ目は，先天的でありながら，進化の過程では近代に形成された成人Ⓐであり，強い感情の支配から解放された状態で理性的に現実を検証する機能です。三つ目は，先天的ではなく後天的に身につけた，親Ⓟです。

現時点における私個人の見解ですが，大脳辺縁系の機能は，保護的な要素をもつ「養育的な親ⓃⓅ」，爬虫類脳は占有意識や階級意識をもつ「批判的な親ⒸⓅ」の機能で表せると思います。この視点からは，辺縁系脳および大脳新皮質の発達と，競争や権威主義的支配の概念から民主的概念への変化が，並行して進んでいるため，歴史の流れと生物の進化との関連性を見出すことができます。三層脳と交流分析の三つの自我状態の関連性によって，理論と応用にも及ぶ圧倒的に興味深い組み合わせとなります。

愛はそれと何か関係があることでしょうか？

私は交流分析家として，特に人が他人とつながろうとする日常の営みに関心をもっています。スーパーマーケットや銀行の場，電話，メール，ツイッターやブログを通じての対話，そして愛し合う時も喧嘩をする時も，レストランで

の食事やドライブの時も，教えたり教えてもらったりするさまざまな立場にある時，会計士と話す時，赤ちゃんと話す時など，あらゆる場面で誰かとつながろうとする試みを見ることができます。

　私は，このような日常の実践を対象に，信頼関係，絆，親密さを築き，肯定的で愛のある人を尊敬し認める（ストロークの）表現，つまりは愛の体験を対象に研究してきました。

　愛は歌，テレビ，映画，本や思想，そしてインターネット上など，あらゆる場面で取り上げられ，それに多くの人が関わる，注目の頂点を占める主題です。これほど興味が注がれる主題なので，本来であれば探求するのも容易なはずですが，実際はそうはならないようです。アッカーマンは著書『「愛」の博物誌』（前出）で，その課題を大変わかりやすく描写しています。

　　　「私たちは愛という感覚を恥ずかしく思い，みだらなものであるかのように扱います。愛をしぶしぶ認め，時には愛という言葉を口にするだけでおどおどしたり，赤面したりもします。これほど美しく自然にある感情の，いったいどこに恥ずべき理由があるのでしょうか？　愛は私たちの人生でもっとも大切であり，私たちは愛のために命をかけて戦うこともいとわずできるというのに，この愛という感覚に身を置くことにためらいを覚えるのです」（Ackerman, 1994）

　アッカーマンの愛は，ロマンティックな愛を対象とし，そのほとんどが男女間におけるものです。実際に愛について語られ，書かれ，歌われているほとんどは大人の異性関係の愛を対象としています。

　しかし，今現実にここにある愛については，人々はそれを感じたり感じられなかったり，対象が同性や異性，オープンな，または糸がもつれ合うといった状況もあり，「愛する」人，友人，同僚，また自分自身に向けて，怒りや憎しみを織り込んだ表現をすることもあるために，愛は問題を伴う存在としてとらえられ，避けられてしまうことがあまりにも多くありました。

　誰もが気兼ねなく愛を語れるのは，恋という性的な情緒が高まる時と，子どもに接する時でしたが，最近では，性的虐待に対する恐れが高まり，愛の表現にも慎重さが増していることと思われます。現状では，私たちが正直で誠実に

感じる愛を，子どもに対しては比較的自由に表現することができています。しかし，フロイトが言う「潜伏期」（約 6 歳から12歳に至る学童期）を通過しはじめると，子どもに愛を表現する抵抗が強まっていきます。

　たとえば，父親がティーンエイジャーの娘と向かい合い，目を多少潤ませて心の底から「おまえは俺の宝物だ。おまえを愛している！」と伝えることはどれほど頻繁にあるでしょうか？　また恐れや恥じらいなく兄弟で抱き合い，お互いへの慈しみや愛や絆を自然に表現でき，その祝福を味わう瞬間はどれほどあるでしょうか？

　愛は，それについて語ることのみならず，考察や研究に値するテーマであるにもかかわらず，それさえも禁止されている状況があります。たとえば，感情に関する古典的な著書である，ルドゥーの『エモーショナル・ブレイン――情動の脳科学』（前出）の索引では，愛という言葉が一度も表記されていません。大変優秀な著書ですが，第 1 章のタイトル「それが愛とどんな関係があるって言うんだい？（*What's love got to do with it?*）」という問いには触れないままとなっています。

　ダニエル・ゴールマン（Goleman, 1996）の広く影響を与えた著書『EQ こころの知能指数』（邦訳：講談社，1996）では，怒りの記述は20もの索引にのぼっていますが，愛についてはわずか三つの索引しかありません。それも第 1 章のなかだけで，残りの部分には出てこないのです。

　全米心理学会が2000年 1 月に発行した特別号，『幸せで優秀で理想的な人間の機能（*Special Issue on Happiness, Excellence and Optimal Human Functioning*）』では，新たな展開として，人が体験する肯定的な人生の側面に関する理論的な発表を行いました。これらの研究課題として，喜び，楽観，満足と「フロー」[訳注1] が注目されていました。そこでも愛は一応言及されているものの，単なる社交辞令にすぎず，討論や研究課題にはされていないのです。

　それでも愛は即効性のある抗うつ剤であり，病気を予防する効果をもち，健康維持の長寿薬としても効果のあることが証明されています。ハーバード大学の医師，ディーン・オルニシュは，『ライフマガジン』で同世代にもっとも影響を与えた50人の一人として紹介された人であり，この効果に関する主要な研究

[訳注1)]　自分の脳力が発揮されてすべてがうまく行っているように感じられる，精神的に高揚した状態のこと。

者でもあります。彼は著書『愛は寿命をのばす——からだを癒すラブ・パワーの実証的研究』（邦訳：光文社，1999）で次のように述べています。

> 「……愛と親密さは私たちの元気の根源であり，病気の根源にもなるものです。もし愛がもたらす効果と同様の効果をもつ薬が開発されたなら，この特効薬を処方しない医師などいないでしょう。食事療法，禁煙，ストレス解消，遺伝学，薬，手術など，人生の質を向上させ，病気や早死にを予防する方法にはいろいろなものがありますが，愛ほど大きな影響を及ぼすものはないでしょう」（Ornish, 1998）

思春期における愛の戦場

愛と暴力……両極にあるこの二つの力が入れ替わり立ち替わり絡み合う様子は，思春期を観察するともっともわかりやすいと思います。思春期を通過する際には，この二つの価値観の狭間に置かれる葛藤があります。

人は誰でも愛と憎しみ，協力と競争，個人優先か集団（家族，会社など）優先か，など，基本的な価値観の対立と葛藤を体験します。私自身は青春時代をメキシコで過ごしました。当時の私たちにとっては，愛情や感情を認めるなどというのは考えられないことで，愛は何とも痛みを伴う主題でした。

私には当時，常に行動を共にする親友がいました。しかしお互いの友情については，それぞれの母親にも話すことなく，ましてや同年齢の友人には気づかれぬようにしていました。そしてその親友と私は，ある時，同じ女性に惹かれるようになりました。しかし，お互いにその事実を心に隠しました。そうでもしないと周囲からの容赦ない笑いの種になります。一方で当時は，怒りや攻撃的な表現をすることは私たちにとって自由で容易なことであり，皮肉にもメキシコの政治に介入したアメリカ政府への批判が人々の間で高まっていました。

青少年のうつ，自殺や犯罪……思春期は愛や憎しみの感覚が混合する深刻な時期です。1998年，15歳の青年が両親を殺害し，クラスメイト25人に発砲したオレゴン州スプリングフィールドの事件は世界を震撼させる衝撃的な事件でした。罪を犯した青年キプランド・キンケルは狂暴な事件を実行する前に次のように書いていました。

「助けてくれ。僕を助けられる人は一人いるけど，その人（母）は助けて
くれない。誰か違う人を探すしかない。僕はその人を愛していると思う。
でもその人は今まで少しも僕を愛してくれなかった……今日，この長い苦
しみの果てに，その人に助けてくれと頼んだ。僕は打ち砕かれた。胸を切
り開いて心をつかみ出されたみたいだ。
　僕はその人にすべてをあげたのに，その人はそれをただ捨ててしまうだ
けだった。あの顔を見るたびに僕の心は矢で打ち抜かれる。僕はその人に
は僕に対する YES（わかったわ）と言う気持ちがあるんじゃないかと思う。
でも言わないんだ。その人は，『わからない』と言うんだ」（Kinkel, 1999）

　また愛について述べるように言うと，キプランドはすぐに短い文を書きあげ
ました。

　「愛は，人々にアルコールや銃を買わせる陰謀的な要因だ。もし君が誰
かを愛しても，君はそのたびに何かを奪い取られる。愛するより憎むこと
の方がたやすい。僕は，一目惚れは信じないが一目で憎しみが生まれるこ
とは信じる。愛は良いことより悪いことを引き起こす。愛は悪夢だ。それ
は殺しと憎しみを生む」（Kinkel, 1999）

　キプランドのような犯罪を起こすティーンエイジャーは多くないとしても，
思春期の多くの子どもたちが愛や憎しみを葛藤として体験することは少なくな
いでしょう。スティービー・ワンダーが歌うように，「愛」には「今，愛が必要
なのです」[訳注2）]。

愛の進化

　愛に関連した概念の進化は，イエス・キリストが愛を教えの中心にしたこと
でより早く広く，多くの人に浸透しました。またキリストから長い歴史を飛び
越えて，シェークスピアが世界に広げた愛の概念も，キリスト同様に重要な足

[訳注2）] スティービー・ワンダーは「ある愛の伝説（*Love's in Need of Love Today*）」の中で，
憎しみの連鎖を止められるのは愛だと歌っている。

跡を残していることを，ハロルド・ブルームは著書『シェークスピア：人間の発明（*Shakespeare: The Invention of the Human*)』(Bloom, 1998) で記しています。

　彼は，16歳の青年と14歳に満たない少女であるロミオとジュリエットを通して，決して変わることも妥協することもない思春期の愛を具現化しています。舞踏会で出会った二人が，その夜が明ける前にお互いの永遠の愛を誓い合い，翌日には結婚し，そして2週間も経たないうちに命を落としていくという愛の展開を描きました。この物語はロマンティックな愛の基準となりモデルとなって，愛という「概念」へ私たちを導いています。

　愛は，数多くの芸術作品のなかで表情豊かに描かれ，そして語られることにより高度に洗練され，力強い「模倣概念」へと発展していきました。科学における愛では，エリック・バーンが，愛を計量化できる可能性を「ストローク」という認識の単位を打ち出すことによってもたらしました（1964, p.15）。バーンは，交流分析を展開していく上で，好意の交流と嫌悪感の交流を観察し学ぶ手法を確立しました（肯定的ストロークとは，肯定的な承認または好意を表す単位です。例：「あなたがいると落ち着いて，安らぐ」などです。否定的ストロークとは否定的な認識または嫌悪感の交流です。例：「あなたにはイライラする」）。

心の敵

　私は交流分析家として，人の健康のあらゆる側面が交流に反映されている様子を観察しています。セラピストとしては，交流の行為を分析し改善することが健康改善への近道だと信じています。人間関係が不健全である時，また人生の原動力としての愛が損なわれている時は，特に交流の分析と改善が重要です。

　エリック・バーンは，人間には，認め‐認められることへの飢えがあること，またその飢えを満たすためにどのように交流すればよいかを述べています。さらに，人々がくり返し行う交流のパターンを観察し，それらをゲームと名づけました。彼は人々が行うさまざまなゲームに，「はい，でも」と続くゲームや「さあ，捕まえたぞこのやろう（あら探し）」「私に何かしてちょうだい」

「誘惑」「大騒ぎ」（1964）など，誰もが目を丸くするような面白い名前をつけています。

　ゲームはストロークを得るために，「成人Ⓐの自我状態」を装うことも多いのですが，実際は「子どもⒸの自我状態」によって行われます。私たちがゲームを始める時に，私たちの内なる「子どもⒸ」は人に認められることや肯定的なストロークを期待しています。しかしゲームをするたびにその期待は裏切られ，ストロークをもらうのではなく，険悪で否定的な交流を受け取ることになります。私たちは肯定的承認や愛に飢えているので，ゲームをしますが，反対に手に入れるのは嫌悪です。そして，認め−認めてもらうストロークを必要とするので，その状況に耐えながら，永遠の期待をもつのです。

　認め−認めてもらう欲求も他の本能と同じように行動を引き起こします。私たちは，水，食糧，活動，性の必要性を知っていて，それらが不足すると，活発にそれらを補う行動を起こします。バーンは人間に存在している，認め−認めてもらう欲求を，認識飢餓と名づけましたが（1964），私はその後新たにこれを「ストローク飢餓」と名づけました。ずいぶん前になりますが，私は総合的な存在としての人間は，一時的にストロークに飢えているのではなく，継続的なストローク飢餓状態にあるという結論に至りました。つまり，ほとんどの人は，常にストロークを得ておらず，食料に飢えるのと同様にストロークに飢えることがありうるのです。飢えに置かれた人間は，飢えが進むと，たとえ腐った食糧であろうと手を出します。ストロークも同じです。それに飢えると手に入れようと追い求めますが，良いものが手に入らない場合には，悪いもので決着をつけようとします。

第3章

愛，ストローク経済の法則と「批判的な親 CP」

人はなぜストロークに飢えているのか？　1960年代後半から，私はこのこと
を自分自身に問いかけはじめました。その答えを探している最中に，その理由
を包含していると思える寓話『ぬくもりさんのおはなし（*The Warm Fuzzy
Tale*）』を書きました。今回は1969年に書いたお話を少し編集した形でご紹介
いたします。

ぬくもりさんのおはなし

昔々，ずうっと昔のことです。あるところに，とても幸せな夫婦がいまし
た。二人には，男の子と女の子の二人のかわいい子どもがいました。

その頃はみんなが幸せでした。その時代には，だれもが赤ちゃんとして生ま
れるときに，神様から，やわらかくてあたたかい小さなバッグをプレゼントさ
れました。そのバッグのなかに手をいれると，いつでもぬくもりさんを取りだ
すことができました。ぬくもりさんを手に取ると，心も身体もほんわり，あた
たかく包まれるのでした。ぬくもりさんがほしいときには，いつでもだれかの
ところに行って「ぬくもりさんがほしいの」といえばよかったのです。みんな
お互いにぬくもりさんをただであげたりもらったりしていましたから。ぬくも
りさんはいつも十分にあって，お金もかかりませんでしたから，何の問題もあ
りませんでした。ぬくもりさんがまわりにたくさんあるおかげで，みんな幸せ
で，健康で，いつでも毛布のようなぬくもりに包まれていたのです。

ところが，この幸せな村のはずれに，水ぐすりや塗りぐすりをつくる魔法使
いが住んでいました。この魔法使いは，村人たちがとても幸せで健康なので，

だんだん腹が立ってきました。なぜなら，せっかく水ぐすりや塗りぐすりをつくっているのに，だれも買いに来ないからです。このずる賢い魔法使いは，ある日とても恐ろしいことを思いつきました。

　ある晴れた日のことです。魔法使いは，お母さんが子どもたちと遊んでいるのをこっそり見ていました。そして，お母さんが女の子と遊んでいる間に，ひとりっきりになったお父さんのそばににじりより，耳元でささやきました。

　「見てみろ，母親が娘にぬくもりさんをあげているのを。あんなふうに，やたらにぬくもりさんをあげていると，そのうちにぬくもりさんがなくなってしまうぞ。そうとも，おまえの分なんか残りゃしない！」

　お父さんは，びっくりしてふり向き，魔法使いにたずねました。

　「ぬくもりさんは，バッグに手を入れたら，いつだって出てくるものじゃないのかい？」「バカめ。そんなこと，あるはずがなかろう。一度使ってしまったら，もうそれっきり，二度と手に入らないんだぞ」こう言い放つと，魔法使いは「ウィヒヒヒヒ……」と高笑いしながら，飛び去っていきました。

　魔法使いのこの忠告は，お父さんの心にしっかりと刻まれてしまいました。それからというもの，お父さんはお母さんがぬくもりさんをだれかにあげるたびに，心配になってきました。だって，お父さんはお母さんのぬくもりさんが大好きでしたから，なくしたくなかったのです。

　お父さんは，お母さんがぬくもりさんを人にあげるのを見るたびに，文句をいったり，すねたりするようになりました。お母さんはお父さんをとても愛していましたから，お父さんの言うとおりに，ぬくもりさんをいつでもだれにでもあげるのを止めてしまい，お父さんのために取っておくことにしました。

　子どもたちは，両親のやることを見て，すぐにぬくもりさんをだれかにほしいといわれたときや，自分があげたいときにあげるのは，悪いことなのだと考えるようになりました。そして，とても注意深くなりました。バッグのなかに手を伸ばせば，いつだってぬくもりさんがあるにもかかわらず，人々はぬくもりさんがだんだん減ってきているのではないかとひどく心配するようになり，ますます出し惜しみするようになり，嫉妬深くなりました。

　魔法使いが現れるまでは，人々は3人，4人，5人と集まっては，仲良く話したり，笑ったりしていました。だれがだれにぬくもりさんをどれぐらいあげすぎているかなんて，だれもまったく気にもしていませんでした。ところが今

第3章　愛，ストローク経済の法則と「批判的な親 ⓒⓟ」　27

では，夫婦や恋人たちは，もっぱらお互いのためだけに，すべてのぬくもりさんを蓄えるようになりました。

間もなく，人々は「ぬくもりさん」も「ほんわかさん」も少なくなってきていることを感じはじめました。ぬくもりさんが不足したために，だんだん身体がしぼんでくる人が出てきました。時には亡くなる人さえ出てきたのです。人々は，たいした効き目もなさそうなのに，次から次へと魔法使いのところへ行って，水ぐすりや塗りぐすりを買うようになりました。

村の様子はますます深刻になってきました。魔法使いはこの様子を見て，人々が亡くなるのは困ると思いはじめました。なぜなら，死んでしまった人は水ぐすりや塗りぐすりを買わないからです。そこで，魔法使いはまた悪知恵を働かせました。

魔法使いは，みんなに，ぬくもりさんバッグにとてもよく似たバッグをただで配りました。けれども，本物のぬくもりさんバッグはほかほかとあたたかかったのに，魔法使いのバッグは冷たくて，なかには「ひんやり」したものが入っていたのです。

それからというもの，だれかにぬくもりさんがほしいと言われると，みんなぬくもりさんがなくなることを心配して，かわりに魔法使いのひんやりさんを分けてあげるようになりました。

ときどき，二人の人がぬくもりさんをもらえると思って，いつものように近づくと，どちらかが，または二人ともがひんやりさんを渡しました。もらった人は，せっかくよい気持ちになりたかったのに，いやーな気持ちになりました。けれどもぬくもりさんをもらえなくても，何ももらわないよりは，ひんやりさんをもらう方が，ましだったのです。たとえひんやりさんでも，もらうと身体がしぼんでいくのを少しは遅らせることができたからです。結局，命を落とす人は減りましたが，多くの人がひどくひんやりした感じのなかで，とても不幸な生活を送るようになりました。

魔法使いが来てからというもの，かつては空気のように自然に手に入ったぬくもりさんがどんどん少なくなっていき，とんでもなく高価なものになりました。人々はぬくもりさんを手に入れるためなら，なんでもしました。

ぬくもりさんを交換できる相手を見つけられない人たちは，ぬくもりさんを買わなければなりません。ですから，お金をかせぐために長い時間働きつづけ

ました。なかには「人気者」になって，見返りなしにたくさんのぬくもりさん
を手に入れることができる人もいました。そのような人たちは，人生は生きる
に値すると感じる必要がある「人気のない」人々にぬくもりさんを売りました。

　また，ある人たちは，ひんやりさんにあたたかい感じがするビニール袋をつ
けて配ったりしました。もちろん，それほどいい感じがするものではないので
すが……。

　こんな状況はひどく暗くて惨めでした。すべては，あの魔法使いがやってき
て，人々に「ぬくもりさんを使い続けているとなくなってしまうのだ」と信じ
こませたことから始まったのです。

　ある日のこと，この不幸な村に，一人の若い女性がやってきました。この女
性はとても素敵な人でした。彼女は魔法使いのことなど聞いたこともなかった
ので，ぬくもりさんがなくなってしまうことなど，まったく気にかけていませ
んでした。みんなはこの女性を，ふっくらさんと呼びました。というのは，彼
女がとってもふくよかであたたかい感じのする女性だったからです。

　彼女は，欲しいといわれなくても，みんなに惜しみなくぬくもりさんをあげ
ました。魔法使いの呪文に縛られている人々はぎょっとして，彼女を非難しま
した。なぜなら，彼女は子どもたちに「ぬくもりさんはなくならないから心配
しなくてだいじょうぶよ」と，教えていたからです。子どもたちは彼女が大好
きでした。だって，彼女のまわりにいると気持ちがいいのです。やがて子ども
たちは彼女のまねをして，いつでもあげたいときにぬくもりさんをまわりの人
にあげるようになりました。

　人々のまわりにはぬくもりさんがあふれてきて，十分にあることがわかり，
これまでのように幸せになるために，魔法使いの水ぐすりや塗りぐすりを買う
必要がなくなりました。魔法使いは自分の魔法がどんどん溶けていくのに気づ
きました。人々は大喜びで家を飛び出し，通りに出てお祝いをしました。

　そこで魔法使いは秩序を守らせるために，見張りを送り，無許可でぬくもり
さんを他人に与える罪を犯した人たちを牢屋に入れました。けれども噂は広が
り，通りに出て大喜びで踊ってお祝いする人たちが，どんどん増えてきまし
た。

　この魔法使いとの争いは，世界中に広がっています。ですから，多分，今あ
なたが住んでいるところにも広まっていることと思います。さあ，魔法使いは

水ぐすりも塗りぐすりも売りつづけることに成功するでしょうか？　それとも人々は，ぬくもりさんはただでどれだけ与え合っても，豊富にあるのだということに気がつくでしょうか？

　作者の私が心から願っていることがあります。もしあなたが望めばですが，あなたもぬくもりさんを他の人に惜しみなく与え，そして他の人に「ぬくもりさんをください」とお願いしませんか？　そうすることによって，あなたは無限にぬくもりさんを世界中につくる手伝いをしているのです。そして，私は，あなたが限りなく寛大で，慈愛に満ちた存在であることを望んでいます。

おしまい

　この本は著者を離れて一人歩きし，「warm and fuggy」のキーワードは政治やメディアの世界にまで広がりました。

　私たちは現実の人生では，「warm fuggy」というぬくもりをストロークとして体験しており，それは魔法使いの偽りではなく，ストローク経済という法則に従って体験しているものです。

「ストローク経済の法則」の定義

　まるで魔法使いの呪縛のように，愛情や承認を互いに与え合うのを妨げる一連の禁止令を「ストローク経済の法則」と言います。

　ストローク経済の法則は，私がこれからたびたび触れていく，大事な概念の一つです。ストロークは私たちに常に欠くことのできないものです。ここでは，そのストロークの獲得を妨げる，「批判的な親 ⓒⓟ」から絶えず出される禁止令を紹介します。

　ストローク経済の法則とは次のとおりです。

- 肯定的ストロークを与えたいと思っても，与えるな。
- ストロークを欲しいと思っても，求めるな。
- 誰かがあなたにストロークを与えようとしても，受け取るな。
- 欲しくないストロークでも与えられたら，拒否するな。
- 自分自身に肯定的なストロークを与えるな。

住民のすべてが一つまたは複数の禁止令に従う場合，その地域の人々が交流する肯定的ストロークが劇的に減少するという結果になります。ストロークが不足する人は服従的になり，落ち込み，希望を失い，従順になり，何より深刻なことに，ストロークに飢えた人々はストロークの欠乏状態を避けるため，たとえ否定的ストロークであってもそれを受け入れる行動に出ます。

「ストローク経済の法則」の歴史

　私は，1960年代後半，反戦思想をもつメンタルヘルス専門の友人数人と，カリフォルニア州，バークレー・フリークリニックに無料のクリニック「RAP」を設立しました。RAP とは，「Radical Approach to Psychiatry」（原点に立ち戻る精神医学的アプローチ）の略です。

　これは精神医学（psychiatry）をギリシャ語の語源である魂の癒しという定義でとらえるアプローチの幅を広げる活動であり，その当時の精神医学の乱用に対する抵抗運動でした。（私自身は心理学者であって医者ではありませんが，psychiatry はギリシャ語の語源では，「精神医学」と「魂の癒し」（soul healing）の両義をもつので，ここでは私は後者の意味で psychiatry[訳注1] を用いています。）

　ストロークを互いに与えたり受け取ったりするのがなぜ難しいか，私がこの課題に取り組んでいた時，ホギー・ワイコフよりウィルヘルム・ライヒの「性経済論」（sex economy）というアイデアを紹介してもらいました。

　第二次世界大戦前の1930年代，すでにナチスの支配がドイツ国内に確立していた時，ライヒはノイローゼの原因をフロイトが言う性的抑圧によるものと考え，その療法として，自由で罪悪感から解放された性生活を提唱していました。

　当時のライヒは，独裁主義が性的抑圧による現象であると著書『セクシュアル・レボリューション──文化革命における性』（邦訳：現代思潮社，1970）で述べ（Reich, 1936），さらに，当時のナチスがドイツの若い世代の性の交流対象を意図的にコントロールし，彼らがナチスのファシズムに傾倒するようにし

[訳注1] 英語の精神医学 psychiatry の語源は phyche＝soul（精神，魂，心，感情，生気）＋iatreia（治療）＝healing（治癒・癒し，医的治療）。

ている，と述べています。ライヒは当時の社会的性的抑圧への対策として，ド
イツの青年と労働者のために，社会主義的性カウンセリング研究所を設立しま
したが，ヒトラーが政権をとった時，即解体されたことは言うまでもありませ
ん。

　ライヒの議論は重要な問題点をついていると私も考えましたが，問題をセク
シュアリティ一点に絞る視点には誤りがあると思いました。私はライヒが指摘
している問題は性に限らず愛にもあると気づき，愛を抑制する仕組みを「スト
ローク経済の法則」と呼び，研究してきました。

　「ストローク経済の法則」に取り組んだはじめの頃は，ライヒの「性経済論」
同様，ストロークの分野でも資本主義的な陰謀により，若者の自立と自由が抑
制される仕組みがつくられていると考えていました。しかし，結局そこに何ら
かの真実があるにしても——ほとんどの妄想観念には何らかの真実があるので
すが——あまりにも誇大妄想的思考ではないかと考えるに至りました。

　同性愛の禁止，愛情表現を交わす若者に対する嫌がらせ，オーラルセックス
禁止法などを通して，性や愛が，社会的ルールや価値観や法律によって，時に
は暴力的に，時には警察や政府機関によって規制され，人々が日常のなかで偏
執症的妄想を抱く基盤となりました。

　ストローク経済の法則は，私たち一人ひとりの内外両側で進行します。内側
では，「批判的な親ⓒⓅ」によって実行されます。この「批判的な親ⓒⓅ」は，
自分や他人をどのように愛するかということに深く影響する幼児期に刷り込ま
れた一連の考え方であり，その時期に年上の人によって埋め込まれた独裁的な
指令形態であるとも言われます。

　より客観的な表現を用いると，「批判的な親ⓒⓅ」は，あらゆる感情的な経験
に影響を及ぼす強力な固定概念を指します。このような内面化した指令に従わ
ないと，恐れ，不安，罪悪感，恥辱や無価値感など，痛みを伴う感情に陥りま
す。

　外的には，「ストローク経済の法則」（禁止令）が，社会からの非難に後押し
され，社会的習慣として確立していきます。時には，同性愛のように，これら
のルールが法律の力によって千年にもわたり，残酷に強制されてきました。た
とえばアメリカでは2008年まで，同性愛者の結婚は認めないという法律があり
ました。またイランでは，男性の同性愛や女性の不貞は現在でも死刑に値し

ます。

　人が内外からの制裁の威圧を受けるなかで,「ストローク経済の法則」の形を
とった無言のルールが, 文化圏をまたいだ規模で広がり浸透していきます。そ
の結果, 人と人の交流する愛が減少し, それを得るのも与えるのも難しくな
り, 人々は「ストローク飢餓」に陥ります。そして私たちの天賦の能力である,
愛や愛が生み出す生存能力が失われていきます。これと平行して, 悲観と孤独
の文化的パターンが増し, 私たちが愛の能力を回復する上での障害となってい
きます（ロバート・D・パットナムの『孤独なボウリング——米国コミュニ
ティの崩壊と再生』[邦訳：柏書房, 2006] 参照）。

ストローク・シティ

　私たちは RAP センターのプログラムの一環として, 複数の「コンタクト」グ
ループを立ち上げました。それは, 参加者が, 協力的な人間関係の形成という
目的に応用できる交流分析の基礎を教えるもので, 一番人気が高かったのは
「ストローク・シティ」と呼ばれるグループでした。

　「ストローク・シティ」には週に 3 回, 約20人のメンバーが集まりました。参
加者は, 夕方の 2 時間, 安全で安心できる環境でお互いに肯定的ストロークを
交換したり自分に与えたりすることによって, 愛に満ちた空間が生まれ, 自分
と自分の周囲に存在する「ストローク経済の法則」から自由になることができ
ました。ストローク・シティのスーパーバイザー（グループリーダー）は, 一
つひとつの交流を綿密に検証する役目をもち, 次の点に細心の注意を払いま
す。まず, 一つひとつのやりとりが必ず肯定的なストロークであり, 間接的な

**監訳者が参加したストローク・シティの
ワークショップでのスタイナー**

批判，皮肉が含まれない純粋な内容であることを検証します。またスーパーバイザーは，話し手と聞き手の間でストロークがやりとりされていることを確認し，その内容に関して，聞き手自身が受け入れたい時に受け入れられるようサポートします。

　このような，交流を繊細に見守り，教育していくシステムを導入することによって，当初の，漠然とストロークや抱擁を交わし合う時の感傷的な形式が改善されました。

　一つひとつの交流において，ほんの少しでも否定的な不純物があればそれを取り除き，純粋なストロークへと洗練させた上で，ストロークを伝える側は伝えたいと思う時に自由に伝え，受け取る側は受け取るか断るかを自由に選ぶことができるという形に改善されたのです。

　こうした活動を始めてしばらくすると，私は思わぬ効果に気づきました。一定の時間が経過すると，参加者があたりを見渡し，「ここにいるみんなが大好き」，あるいは「愛している」といった意味のことを言いはじめたのです。そして最終的には，幸せに包まれた笑顔と軽い足取りで部屋を後にするようになりました。

　これらの現象は，ロマン・ロランが描写していた「大洋感情」（まるで目の前が開けたように，何もかもがわかったような太平洋のように広々とした心境）ではないかと思います。そんな宗教的体験のような，温かい心の解放感を伴う状態が，大脳辺縁系が共鳴し合うために必要だったのです。

大脳辺縁系共鳴

　大脳辺縁系共鳴は，人と人の間に共感が起きる仕組みであり，集団の行動をつくり出す心理的機能です。具体的には，大脳辺縁系の内部にあるミラーニューロン（辺縁系脳に位置している）が，他人の感情を映し出す働きをしていることを共鳴と呼んでいます。それは，愛情や期待であっても，怒りや恐れであっても，対象グループのなかに共通の感情を生み出します。その結果，たとえ普段おとなしい人たちであっても，集団行動で怒ったり，暴力的になったり，時には殺人まで犯すことがあります。また，ストローク・シティで起きたケースも，共鳴として説明がつきます。

私がストローク・シティで，人が元気づけられる様子を体験した初期の頃は，これは野球やサッカーの応援と同様に一時的に盛り上がる集団的な作用と考えていました。しかし，実際そのような一面があったとしても，検証を重ねるうち，参加者個々の感情の状態に一時的な集団体験をはるかに超える，重要かつ根本的な影響が起きていることに気づきました。

　参加者たちは，「心が開いていて，超越した慈愛と宇宙的な愛を体験している」と言い，愛という感情を口にしていました。実習を通して，協力的で積極的な関係を築き上げた状態が，人々の大脳辺縁系機能の活性化に影響を及ぼしていることが明らかになってきました。

　怒りと恐れから解放された肯定的ストロークが交わされる場に参加者たちが身を置くことによって，参加者同士の脳のミラーニューロンの共鳴が強化され，愛の能力が解放され，人々の包容力が増したのでした。私たちはこの体験によって，肯定的なストロークの交流が愛の力を解放するカギであることを発見し，その愛を妨げる「批判的な親 ⒸⓅ」の存在も理解できたのです。

「批判的な親 ⒸⓅ」——私たちのなかの一連の思考

　ストロークは人に力を与えます。人を支配下に置こうとする「批判的な親 ⒸⓅ」は，人々がストロークを得ることがないようにさまざまな妨害をします。

　たとえば，人がストロークを与え，求め，受け入れようとする時に，突然，極度の無感覚や不安感，恐れ，恥じらいや自己嫌悪に襲われることがあります。つまりその時，頭のなかの声が「おまえがもらえるものなんて何もありゃしない。欲しいなんてもってのほかだ」「大バカ者め。恥さらしになるだけだ。黙っていろ！」「おまえの気持ちなんて，誰も気にしちゃいないよ」とささやくのです。

　また別の人は，緊張したり，不安になったり，自己嫌悪を抱くことによって，ストロークを受け入れ，与え，求めることが妨げられてしまいます。ストロークを妨害する「批判的な親 ⒸⓅ」のささやきや緊張状態の下に置かれながら，自由にストロークを交換するのは容易ではありません。

　私たちが自分に必要なストロークを求めると，私たちのなかの「批判的な親 ⒸⓅ」は，「私は OK ではない」「私の人生は価値がない」と言い，「私は人を愛

するにも愛されるにも値しない」と告げます。そして，「批判的な親 CP」は，侮辱や軽蔑や罪悪感を伴う恐怖で，私たちを脅かします。最終的には村八分にされ，完全に隔離され，冷え切った孤独な人生が待っていると脅迫してくるのです。「ストローク・シティ」でほとんどの人が力づけられるなかで，気づまりな感じや疎外感，恐れや痛みを感じている人たちが少数いました。調べると，その人たちは「批判的な親 CP」に屈していたことがわかりました。

「批判的な親 CP」を明るみに

【例1：ストローク・シティの実習で】

　ジェームスは向かいに座っている男性の男らしい風貌について一言，賛辞を呈したいと思い，相手にそれを伝えようと思います。しかし，その瞬間，突然，頭のなかで自分を止める声が聞こえます。「おまえ，頭がおかしいんじゃないか？　変に思われるぞ！」。そこで，彼は伝えたかった気持ちを抑え，もやもやしたまま，くよくよ考え込み，時間が過ぎていきます。グループ全体ではストロークを与えたり，受け取ったりする演習が続いているのに，ジェームスはストロークを受け取りたいか，と聞かれると断ります。一日が終わった後，彼は実習をバカバカしく思い，すべてにうんざりし，何とも虚しく，怒りを抱えた状態です。

【例2：学校で】

　生徒たちが授業で活発に議論を交わしています。マージは教師に質問されました。おとなしいマージは，クラスのみんなは自分より賢く理解が早いと思っています。マージは先生に自分が何もわかっていないことを見破られるのではないかと，頭の中が真っ白になり，身体が固まるほど怖くなってしまいます。すばらしい考えをもっていたにもかかわらず，彼女はそれを表現できないまま終わってしまいました。

【例3：仕事場で】

　会社員のダグは，誰かと話すたびに，頭の中で自分の声を聞きます。「おまえはどうしようもなく目障りなやつだ。わからないのか？　みんなそう思っているんだぞ」。

【例4：接客で】

シャーロットは電話で営業の仕事をしています。お客と電話で話すたびに，緊張と恐れで鼓動が早まり，身体が固くなります。彼女はお客に対し，自信をもって，落ち着いた態度で，丁寧かつ好印象を与えるような接客技術を実践していますが，最近はストレスによる頭痛が続き，悩まされています。

【例5：異性に対して】

ジェイコブは好きな女性に声をかけようとすると，どうしようもなくあがってしまい，周りから冷やかされるのではないかという思いに駆られます。彼は自分の優しさを人に伝えたり，優しさが欲しい時に人に求めたりすることができないのです。

【例6：常に心配】

ヒラリーは，身体に悪い食品，汚染された空気や環境，危険な人々の存在などがいつも気になり，ストーカーや強姦に対する恐れに駆られることもあります。安全を確保するための準備は細かいところにまで及び，おそろしく時間がかかります。そのために彼女はさまざまな活動を制限しなければなりません。

【例7：眠れない夜】

ダニエルは，ほとんど毎日，夜中に目が覚めてしまいます。明日起こるかもしれない問題が浮かんできて，その妄想に悩まされ，何度も寝返りを打ち，眠られぬ夜を過ごします。実際に心配しているようなことが起きるわけではないのに，どうしてもその妄想から逃れられないのです。そして日中，職場では最新の先端技術で高い業績を上げなければならないというのに，しばしば眠気におそわれてしまいます。

【例8：悲観の人生】

サリーの心は常に悲しみに満ちています。時にはわけもなく泣き出し，将来自分には不運で不幸な人生しか待っていないと信じ込んでいます。外では平静を装っています。たまにほんの短い時間だけ調子のよい時があり，それだけが彼女の人生の希望です。

【例9：劣等感】

ドルーは常に自分の姿を他の女性と比較しています。彼女は，自分より魅力がないと思える女性には目もくれませんが，自分より「魅力的に見える」女性が気になります。いつも劣等感に悩まされ，体重，胸，腰，脚，髪，皮膚など

について対抗意識をもち，取り憑かれたようにファッション雑誌を読んでいます。

「君に会えてうれしいよ！　私の名前を当ててくれないか？」^{訳注2）}

　悪魔と同じほど多くの名をもつ存在。ほとんどの精神療法はこの存在に固有の名前をつけています。たとえば，残酷な超自我，否定的内的会話，破滅的な予測，低い自尊心，社会的恐怖心，自己嫌悪，自己卑下，保護や教育という名目の懲罰，内的抑圧，内なる批判者，攻撃的な交代人格，野獣，ピッグペアレント，そして「批判的な親ⓒⓟ」などです。精神療法の専門家も，どこにでも出現するこの存在の重要性に注目しています。

　この存在は，内なる声として，うまくいってる時もそうでない時も，ささやいたり，声に出したりして，幼い頃から老いるまで，絶え間なく，おまえの人生は平凡だ，希望はない，おまえはOKではない，頭が悪い，性格が悪い，見ばえがしない，運が悪い，と言い続けるのです。

　「批判的な親ⓒⓟ」は，すでに子どもの頃から，自分に影響をもつ人たちを通して伝えられていきます。それは主に，親，親戚，先生，近所の人たち，そして忘れてはならないのは同年齢の子どもたちであり，評価を押しつける権威をもつ人を通して，本来の自然で，OKな存在に影響を及ぼします。

　子どもは，そのような立場にいる人たちに，言うことを聞くように言われ，その内容によって，時には快く，時には生き残るために，その言葉を受け入れていきます。この経過で，「批判的な親ⓒⓟ」による否定の言葉が伝達されると，人は自由で自立した存在から，外部からの考えとルールに縛られた存在へと変化していきます。

　実際，心理的に生き残るために，子どもは外部からの考えを学び，受け入れ，自分のものにしていきます。その結果，「批判的な親ⓒⓟ」は，私はあなたの味方，あなたの助けになることしか言わない，という神話を語り続けることになるのです。

　「批判的な親ⓒⓟ」の本性は人間のもっとも手ごわい敵なのですから，心に

---

^{訳注2）}『悪魔を憐れむ歌』（ローリング・ストーンズ）の歌詞の一節。

「批判的な親Ⓒ卫」という友をもつ時，私たちはそれ以上の敵をもつ必要はない
のです。そして，これを継続的に存在させることは，多くの人々の人生を縮
め，時には破壊にまで追い込み，そしてすべての人の成功する能力と生産性を
蝕みます。もし誰かが，自分のなかの「批判的な親Ⓒ卫」と呼んでいるこの存
在から解放されることができたとしても，周囲の「批判的な親Ⓒ卫」が侵入し
ようとする環境に悩まされることでしょう。

　「『批判的な親Ⓒ卫』を明るみに」に登場した，「批判的な親Ⓒ卫」のさまざま
な名を並べてみましょう。例3のダグの頭のなかに常に響いている声を，精神
分析家は，耳ざわりな超自我と呼び，例5の異性に声をかけられないジェイコ
ブの破滅の予知を，合理的感情重視のセラピストは破滅的予測と呼びます。

　また例2の，学校で自分の考えを発言できないマージの状態を低い自己評
価，例4の接客の際，恐怖で動悸が速まるシャーロットのパニック状態を，恐
怖症的反応と呼び，さらに例7の不眠症のダニエルのメンタル状態を強迫観
念，例6で絶えず危険に対する不安を抱いているヒラリーの状況を認知心理学
のセラピストは，否定的内的会話と名づけます。

　さらに，例8の常に悲しんでいるサリーは強いうつ状態，例9で自分の容姿
を異常に気にするドルーの状態を多重人格の提唱者は，劣等感を抱く時に現れ
る交代人格と呼び，伝統的心理学者は病的自己批判と名づけます。また，アル
コール依存症からの回復プログラムとして知られる12ステッププログラムで
は，すべての事例が，「不快な思い」と名づけられます。

　ある人々は，これまであげた8つの苦痛を伴う事態を，うつ状態，強迫神経
症，対人恐怖症などの情緒障害ないしは精神疾患とみなします。けれども私
は，これらは「批判的な親Ⓒ卫」によってもたらされた事態の表れであると考
えるのです。

　このように，日常の身近な事例を見てみると，一人ひとりが日常生活で感じ
ていることはすべて，心のパターンや概念に牛耳られていると見ることができ
ます。この「批判的な親Ⓒ卫」は，言葉によらず身体に深く埋め込まれ，反射
的に表現されることもあれば，脅迫や暴力的な声となりピッグペアレントと呼
ばれることもあります。

　「批判的な親Ⓒ卫」はまた，絶えざる不快な批判の声としては内なる批判者，
常に存在する「理性的」評価としては「批判的な親Ⓒ卫」，さらに，静かな抑圧

をもたらす存在としては「敵」と呼ばれてきました。それらはすべて，人生における大切な人たちを媒介とする，外からの強力な影響として始まり，私たちはそれを取り込み，自分の考えとして内面化していきます。そのうちに，それが望ましくなくても，私たちの人生を支配していくようになるのです。

　内面化したこれらの否定的思考は，認められることも，気づかれることもなく，話題にすることさえ歓迎されません。以下のようなことを考えてみてください。ほとんどの専制政権下では，支配者を名前で呼んではならないのです。なぜでしょう？　それは，抑圧しているものを口にできないと，それと戦おうとする力が制限されてしまうからです。さらに，支配者がどのように支配をしているかを明白にできない限り，自分たちに起きている問題は自分たちが生み出していると思い込む傾向があります。

　抑圧している対象を言葉にすることが，それを打ち破る第一歩です。私たちの内面にいる抑圧者に対しても同様です。私たちの人生を破綻させる抑圧を認知，認識し，それに名を与え，名前で呼ぶことが大切です。ここでは人生を最悪にする悪魔のような存在を「批判的な親⒞⒫」，「敵」または「内なる批判者」と呼びます。これらの名前は自由に使ってもらってけっこうですし，別な名前でもいいのですが，この悪影響に名前をつけ，ぜひとも，それについて話しはじめてください。

　私たちが過去に，「批判的な親⒞⒫」を自己に取り込んでいたとしても，今の人生からその影響を取り消すことができます。そのためには二つのことが必要です。一つは思考的作業。自分たちの考えを変えます。もう一つには行動。自己否定へと導く日常のやりとりを変化させます。

　大部分の人は，「批判的な親⒞⒫」は，人が正しい道から外れないように，間違いを犯さないようにと決断させ，弱点を注意してくれる正当な役割であると信じています。そしてこの敵である存在を，人間としての義務を思い起こさせる，心の中心を占める自分自身の意識だと思い込んでいます。

　しかしこの存在は，本当の自分や人とのつながりを豊かにする本来の意識ではありません。敵であるこの存在は，愛情深い人間関係を蝕んでいきます。私たちは，その敵の本質をはっきりと認識することも見抜くこともできず，助けてくれる大切な存在として真面目に受け止め，従ってしまいます。

　敵は，毒のあるものを，洗練された象徴であるかのごとく思い込ませること

があります。たとえば，作家が酒浸りでひどく自己破壊的な状態を，自由で，気高く，真実を語る偶像破壊者の生活であると思い込んでいたり，不道徳な変質者が，「邪悪さ」をあたかも輝かしい新しい手柄のごとく自慢するのと同じことです。

さらに，交流分析の理論家は，「批判的な親ⓒⓟ」の存在を全面的に否定する私の主張に対する反論として，肯定的な「批判的な親ⓒⓟ」の理論を提唱しました。それは，「批判的な親ⓒⓟ」の発言と力は，子どもたちが問題に巻き込まれないようにするため，教育上必要だという見解です。

私は，子どもの育成や安全のためには，「成人的批評Ⓐ」（adult critique）と「養育的な親」を組み合わせることで十分に対応できると考えます。3人の子どもと6人の孫をもつ私自身の40年の経験と，数え切れないほど多くの読者や生徒たちが証言しているように，協力的で自由と平等を重んじる社会では，子育てに「批判的な親ⓒⓟ」が介入する必要はまったくないのです。

このように「批判的な親ⓒⓟ」を美化したり防衛したりすると，あたかも，その存在の必要性を「成人Ⓐの自我状態」が理論的に裏づけているかのように見え，その行為は「批判的な親ⓒⓟ」に力を与えてしまいます。私は「批判的な親ⓒⓟ」を，人々の人生から完全に葬り去らなければならないと信じています。具体的には，「批判的な親ⓒⓟ」の禁止令に従わず，それを乗り越えること，そのために，よく考えた行動計画を意識的に実行していくことです。後ほど，第10章で「批判的な親ⓒⓟ」を捨て去るための手段や方法を述べていきます。

この内なる敵は，根本的に愛の敵であり，人間が自分自身を愛さず，他人も愛さないようになることを目標とし，そのために全身全霊を捧げています。人が自分自身も他の人も愛さない状況をつくり出したとしたら，愛される人は誰一人としていなくなります。このような，敵による支配を確実に弱める力となるのは，私たちの絆や親密さにあります。ですから，「批判的な親ⓒⓟ」に対抗して第一に行うべきことは，愛すること，そして愛されてもよいとの許可を出すことです。

愛は，「批判的な親ⓒⓟ」の解毒剤です。このような考えは，人によってはショッキングかもしれません。文化の生存に重要とされているルールに同意せず，自分や他人を無差別に愛すべしと言い出すのは，頭がおかしいと思う人もいれば，罪深く不信心な上に危険であり，断固として抵抗すべきものと考える

人もいます。これまでも民主主義が育っていく過程で，そのような反応が見られました。

「批判的な親 ⓒⓅ」の基本的なメッセージとは，

あなたは OK ではない。
　・あなたは悪い（罪深い，怠惰だ，不道徳など）
　・あなたは愚かだ（まともじゃない，混乱してるなど）。
　・あなたはおかしい（精神的に，感情面でも，非合理的，自己制御不能など）
　・あなたは醜い（不細工，不格好，老けているなど）
　・あなたは病んでいる（弱い，病弱，堕落しているなど）
　・あなたには運がない（絶望的，自己破壊的であるなど）
だから，
　あなたは愛されない。
　あなたは疎外される。

　1988年に両親を殺害し，クラスメイト25人に発砲したオレゴン州スプリングフィールド事件で殺人を犯したティーンエイジャー，キップランド・キンケルは，その悲劇的な例です。（[　]は，私が，「批判的な親 ⓒⓅ」の声として加えたものです。）

　「頭に響く声よ，くそくらえ。俺は死にたい。俺は消えたい……
　なんと哀れな嘆き。もし誰かがこれを読んだら，俺をあざ笑うだろうよ。
　笑われるなんてまっぴらだ。
　俺はおまえたちみんなを一人残らず憎んでいる。
　俺が触れるものは，何もかも汚物になっちまう。[おまえの運はつきた]
　もし俺に心があるっていうのなら，それは灰色の心だ。
　俺の冷たい，黒い [邪悪な] 心は本当の愛を体験したこともなければ，
　これからも永遠に体験することはない。[そのとおりだ]
　なんて俺はまともじゃないんだ？ [病気だ，気味の悪いやつだ]

助けてくれ！　誰も助けてくれやしない。

俺は母親という母親を殺す。一人残らずぶっ殺してやる」

（Kinkel, 1999）

このような「批判的な親ⒸⓅ」はどこから来たのか？　私たちの一番深い部分に，愛を堕落させるような殺伐とした存在が，なぜあるのか？　それは爬虫類脳が，領土と支配の本能へと発展する進化の過程で生み出されたものです。この爬虫類脳本能が，哺乳類，類人猿の時代を経ていく過程で，男性が女性に対して優位な地位を継続的に占めるようになり，強者は弱者の上に，そして働き盛りが老人，子どもの上に立つ，権威主義的な家父長制度をつくり上げてきました。

「批判的な親ⒸⓅ」は，支配的で権威主義的な家父長制度を強化します。この制度に従わぬ者に対する最終的な脅迫は，疎外と死であり，それは自分たちを守ろうとしてくれる人たちの愛を究極的に失うことを意味しています。

権威主義的な支配の立場からすれば，愛はさまざまな姿をとって現状に挑戦し，生活を脅かす存在に見えます。支配は「批判的な親ⒸⓅ」の代表的な概念であり，愛とは敵対関係にあります。率直な共感や，愛に満ちた協力と話し合いを推進する愛の力と反対に，「批判的な親ⒸⓅ」は力による支配，嘘や秘密を強要します。

権威主義的な支配は，私たち人間に共通した潜在的可能性を蝕んできました。それは自由と平等という概念が出現するまで無敵でした。未成熟ながらも民主主義が出現するようになると，人は生まれながらにして平等な権利をもっている，そして誰にでも自分の可能性を発展させる権利があるという考えが広がり，多くの支持を得るようになりました。

一人ひとりが自分の可能性を追求できる制度として，現代の民主主義は未完成でありながらも，現時点においてベストな選択肢であると思います。交流分析の創立時に学術面からの立ち上げを担当していた私は，上記のような歴史的背景のもとで，研究や思考を進めていました。人々が自己実現を追及する助けとなる理論を，初めて精神医学の世界で発展させたのが，エリック・バーンでした。

「OK」に立ち戻って

　ストローク・シティの活動で，大脳辺縁系の活性化による影響を観察できた例に立ち戻ってみましょう。すでに述べたとおり，ストローク・シティでは，一部の人にはよい結果が出ていませんでした。その原因は，「批判的な親 CP」による禁止令が数人の参加者の体験に入り込んだことにより，大脳辺縁系の反応に膜がかかるような状態になったことにありました。それがグループ全体に影響を及ぼし，その全体の影響は，また参加者の絆とストロークの交流を蝕んでいました。

　そこで，「批判的な親 CP」が参加者の体験に割り込むのを防ぎ，交流から参加者全体を守るために，会合の前に毎回同意をとることにしました。それは，全参加者もリーダーも，他者に対して，操作や力による支配を試みるのを，どんな状況においても許さない「相互協力の契約」でした。

　具体的には，各々が自分の本心でやりたくないと思ったことはやらない。リーダーは「批判的な親 CP」から発信された交流を一切許さない。そして最終的に交流を始める際には，誰かに伝えたいストロークがある時には相手にそれをオファーし，受け取る準備ができるよう，相手の許可をもらうようにします。

　このように，全員がお互いを「批判的な親 CP」から守るための相互協力の契約を結ぶことによって，安心した気持ちで参加できる環境が促され，研修中も終了後も，不快な体験をする人が急激に減少しました。「批判的な親 CP」の介入をなくすと，自然に大脳辺縁系の共鳴が回復し，グループのなかでの信頼と安心の共有が進み，自ずと一人ひとりの愛情表現が増えました。

　私はストローク・シティでの実習を，さらに発展させ，それに「オープン・ザ・ハート」という名をつけました。それは愛の交流，つまり人を愛し愛されるための具体的なやりとりの基本を実行するための実習であり，その内容は私の著書『感情表現能力：心の智恵（*Emotional literacy: Intelligence with a Heart*)』に，本の3分の1ほどの頁数をさいてまとめられています。

「心を開く」（オープン・ザ・ハート）：理論編

　私たちの差し迫った問いは，「どのように自分のもつ愛という潜在能力を回復し，その能力を育てることができるだろうか？」というものです。

　最先端で注目を浴びたトーマス・ルイスらはその著書『愛について（*The General Theory of Love*)』(Lewis et al., 2001）で，愛が大脳辺縁系に由来すると確信をもって述べています。

　彼らは愛を育てるための遺伝的基礎について書いています。身体の容積が増しつつある新生児期，母と子は，両者の大脳辺縁系が相互に深く影響し合う開かれたシステムのなかに生きています。両者の神経系に出現する変化は，ごく幼い子にもっとも強く表れます。その子らは，これから存分に発達し，愛のパターンを形成しようとする時期にあるからです。

　このように，愛情を育むパターンは幼児期に一旦設定されますが，その後も，大脳辺縁系が共鳴する人間関係があれば，幼児の体験で多少傷ついた部分が再構築されていきます。ルイスらの結論は，この大脳辺縁系の修復には，健全な手本となる大脳辺縁系脳をもつセラピストによる長期的な個人の心理セラピーが必要だということでした。

　私の活動は基本的にグループワークであり，個人のワークとは大脳辺縁系の共鳴過程も異なるものですが，ルイスらと同じような結論に到達していました。私は，主として直観と試行錯誤によって「ストローク・シティ」の原形を洗練し，その際そこに大脳辺縁系共鳴の促進者とも呼ばれる人たちを登場させました。感情表現能力のトレーナーであるこの人たちが，ストローク・シティの実習をリードし，司会する役割を担い，ついには私たちの実習に「オープン・ザ・ハート」という新しい名前をつけてくれることになったのです。

　ここでの目的は人々が自分で自分のストローク飢餓を終わらせ，愛し愛される人生を手に入れるために，「ストローク経済の法則」に打ち勝つことです。しかし，この実習の体験は，予想より著しく深いレベルで人々の体験を再構築することになりました。過去20年間続けてきたなかで，愛を表現する具体的な交流（言葉や行動）と，その感情的な影響に焦点を合わせることにより，大脳辺縁系機能に永続的な効果をもたらすことを確信しました。

さて，ここまでお読みいただいて，数回の交流分析実習で，永続的に人を愛する能力が得られるはずはない，という疑問が浮かぶのではないでしょうか。そう言われる人の気持ちもわかりますが，私は数回の実習で人生を金に変えるような，心理的錬金術を提案しているわけではないのです。

　私の経験では，はげまされ，後押しされるならば，愛は人生の幸いのありかを探し，見出すための大きなエネルギーの源となります。私がここでお約束するのは，「オープン・ザ・ハート」の実習を，少なくとも一人の共感と自発的意思をもつ人と，しかし，できればできるだけ多くの人々と，安全な環境でくり返し行うことによって，私たちのなかに閉じ込められている愛を解き放つことができるということです。ストロークを与え，受け入れ，そして封印されていた扉を開くことができれば，どの人間にも流れている自然でもっとも魅力的な力に触れることができます。それが愛です。

　ここに書かれていることは，なおも信じ難いかもしれません。ふつう，愛を手に入れるには多くの障害があり，実際に多くの人が常に愛が不足している状態に陥っています。長年の努力と専門的な手助けなしに，このようなことが可能であると信じるのは，特に難しいでしょう。

　しかし，本来の愛はその足かせから解放されると，箱の蓋を開けたバネのように広がり，栄養を取り入れながら成長するのが本質です。愛を与え，受け取ることを，すべての人が学ぶことができるのです。私たちが，安全で信頼できる環境における心を開くためのルール，また，そのやりとりの手順を体系化することで，心の底に眠る感情がもつ可能性を100パーセント使えるようになるのです。そして，これこそが感情表現能力トレーニングの目的です。

「心を開く」（オープン・ザ・ハート）：実践編

　心を開く（オープン・ザ・ハート）実習で，参加者一人ひとりが以下のようにして，ストローク経済の法則を拒否することをお勧めします。

　　参加者は相手の許可を得てから，ストロークを与えたい相手にストロークを与える。
　　欲しいと思うストロークを求め，それを受け取る。

欲しくないストロークは，断る。

　自分自身にストロークを与える。

　この実習を行うには，トレーニングを受ける全参加者に安全な環境が必要です。相互的協力の契約を結ぶことによって，敵対心や強制のないやりとりのできる環境が整えられ，参加者は安全を実感する体験をします。熟練したトレーナーは，この契約が守られていることを確認し，参加者が一つひとつの交流を分析できるよう手助けしながらリードします。さらにトレーナーは，会話のなかに「批判的な親 CP」が割り込もうとしたら，それをメンバーに気づかせ，「批判的な親 CP」のメッセージに妨害されないように注意を払うよう促します。

　これによって参加者の間には信頼，心を開く関係性，そして互いに大脳辺縁系共鳴をやりとりする状態が築かれます。その環境のなかで参加者は愛を人に与え，受け取る機会をもち，心が根本的に深いところで開き，人間としての包容力が広がります。

　感情表現能力トレーニングには三つのステップがあります。ステップ1は，オープン・ザ・ハート（心を開く）。ステップ2は感情の地図の調査と探検。ステップ3は責任をもつことです。

　感情表現能力トレーニングのはじめの段階では愛を与え，受け取る能力を高めることで，人が変容することを可能にします。それには愛の能力を構築したり，再構築する先進的な技法を用います。たとえば，きちんとした食事療法を始めるにあたっては，何をいつどのぐらい食べるか，または何を食べないかを学びます。同じようにこのストローク療法は，感情面における健康な人生を目指します。また，瞑想や他の療法との組み合わせにより，ストローク飢餓状態にしばしば見られる低い自尊心の再構築も行います。こうした実習を通して，私たちの人生における愛と親密さの質を向上させていくのです。

第4章

愛と力

　誰もが愛する能力をもっています。また，愛は自力で立ち上がり，自力で前進するものです。しかし，もしそうならば，私たちはなぜ愛するために努力する必要があるのでしょう？　それは，いつも愛という存在が強力な攻撃によって抑えつけられているからです。

　愛を見る目が訓練されていないうちは，愛は単純でつかみどころがない感情です。愛は，ある人々にとっては手に入れたいもの，別の人々にとっては恐ろしいものであり，それぞれの体験によってそれぞれの形で心のなかに存在するものです。なぜこの愛は抑圧の標的にならねばならないのでしょう？　私たちを「人生の崩壊や混乱」から守るためでしょうか？　それとも，愛が心地よすぎるからでしょうか？　これは確かに「批判的な親 CP」が言いそうなことです。

　しかし，愛は日常のありふれた気分の良し悪しをはるかに超えた根源的なものです。複雑に影響し合っている人間の力関係において，愛はもっとも大きな動機づけとなる力です。愛は人々の力と自由のための行動を一つにする勢力です。だからこそ，長い年月にわたり愛という本能が抑圧され，愛の自由な表現が押さえられてきたのです。

　愛に対する陰謀があるとでもおっしゃるのですか？　と聞かれたら，私はそのとおり，と答えます。なぜならば，人と人とが慈しみ合う関係，そして社会のなかでの親和的で愛情深いやりとりをひそかに根こそぎにすることが，権力と支配を維持するためのもっとも効果的な方法だからです。

　愛し愛されるということは，私たち個人や社会の偉大な力の源となります。一方，孤独で，愛のない状態は無力と同じです。愛に対する陰謀の狙いは，人々を他者の支配下に置くことによって，無力状態を維持することなのです。

愛は二人の間に限らず，家族の間，社会的グループの間，時には国と国との間にも働いていますが，愛が畏怖すべき力であることはあまり認識されていないのです。私たちが，愛という力を理解しようとしても，愛も力もよくわかっていないので，真の理解に到達することができないのです。

　私が語ってきた感情表現能力とは，感情に関する洗練された理解と，生産的かつ人道的に感情を扱う方法を指しています。そのなかで愛がもっとも大切な感情になります。感情リテラシー（感情表現能力）と同様に「力のリテラシー」もリテラシーとして開発しました。こちらは個人の「力」を理解するためのものです。

　愛の力という課題を取り上げる前に，力という概念自体を説き明かしていきましょう。私がここで用いる力の定義は，物理学から心理学まですべての科学で使われている定義です。

**　力とは，抵抗を越えて変化をつくり出すもの，また，好ましからざる変化に対する抵抗です。**

　私たちが追い求めているものを手に入れたり，欲しないものを拒否することができた時，私たちには力があります。逆に私たちが欲することを実現できなかったり，避けたいことに抵抗できない時，特に，他人の支配や抑圧に抵抗できない時，私たちは無力なのです。

　力とその影響は，呼吸と同じように，いつも私たちの周りに存在しています。私たちは他人の力に振り回されることもあれば，自分の力を乱用しうることをも知っています。私たちはとてつもない力を，時には意識的に，時には日常の些細ことをきっかけに発揮することもあります。また人の眼力を感じることもあります。

　力という言葉はとても多く語られ，書かれ，歌われています。たとえば，馬力，民の力，権力争い，権力への渇望，そして特に愛の力のようにです。

　私たちは力について聞いたり読んだりしているにもかかわらず，力の本質を理解していません。力がどのように機能し，どのような時に有益または有害なのか，さらに，どこで始まりどこで終わり，どのようにして入手し，維持するのか，そしていかに手放し，どのようにそれと戦うのか，私たちはまるでわかっていないのです。

力の政治

　人間の領域に関して言えば，力は他人を支配する能力であると誤って定義されています。私たちが力をもっぱら支配としてとらえているために，その定義を超えた多様な力の存在を認識できないということが，力における問題の一面です。支配は，力の一つの表現ですが，それは力を削がれた弱者がいて初めて成り立ちます。

　支配として表現される力は抑圧と同じです。多数が少数によって支配されること，そこでは，それが私たちの力の最終的な概念となってしまいます。しかし，個人の力は，単に他の人を操ったり支配する以上に大きなものです。

　私たちが見過ごしてきたさまざまな力については第II部第8章で探求していきます。ここでは，私見によれば7つの力の源があるとだけ述べておきます。バランス，情熱，愛，コミュニケーション，情報，超越，そしてもちろんコントロール。この7つすべてを身につけることにより，力をもっぱら支配として認識するよりも，もっと包括的に肯定的にとらえることができます。

　力は愛と同様に，心理学の理論として注目の的になることはありませんでした。力は間違いなく人間の行動に影響する強い要因であるにもかかわらず，見落とされてきました。無意識，自尊心，性，人生脚本，幼児期のトラウマ，オーガズム，心理コンプレックス，心のブロック，抑圧されていた原初の叫び，出生時また出生前のトラウマ等の課題や現象は，心理学の分野で際だった注目を浴びてきました。しかし，力はそうではありませんでした。

　力自体は独立した概念として1999年にアルフレッド・アドラーにより提唱されました。非政治的なフロイトの門弟のなかで，アドラーはウィルヘルム・ライヒとともに政治的な側面をもつ門弟でした。けれども力を重要な概念として扱うことは，精神分析の研究者の間でもそれほど受け入れられませんでした。なぜなら人間の行動に変化を起こす要因である力という概念に触れると，それは科学や学問にとどまらず，政治的な意味を含まざるを得ないからです。人間という分野において，力をその重要度にふさわしく再配置しようとすれば，政治的な軋轢が必ず起こるでしょう。

　科学においても，力の概念同様に，確かな概念や変数が，実証されているに

もかかわらず何十年にもわたって公認を拒否されてきたという歴史がありま
す。これらの科学的に証明された概念は，実に長い年月をかけて強い抵抗をく
ぐり抜けた人たちの努力によって，やっと認められるようになったのです。

　ここで寒気をもよおすような例として，院内感染予防の父と言われるセンメ
ルヴェイス・イグナーツ・フュレプの出会った悲劇的出来事をご紹介したいと
思います。それは多くの疾患が細菌によって起こるという説が登場するより数
十年前の1847年のことです。産褥熱による高い死亡率の原因を調べていたセン
メルヴェイスは，その原因となるものが分娩担当の医師によって拡散されてい
ることを発見し，報告しました。そしてその対策として，医師が分娩の前後に
塩素水で手を洗うことを提案しました。しかし，効果が実証されていたにもか
かわらず，この説は専門医に対する侮辱ととられ，数十年にわたり医師に無視
され，叩かれ，受け入れられませんでした。そしてセンメルヴェイスは救えるは
ずの命が失われていく状況に絶望し，精神を病み，精神病院で命を落とします。

　もう一つの有名な例としてガリレオ・ガリレイの地動説があげられます。
ローマ教皇庁はガリレオに対し，異端審問所で取り調べを実施し，地動説を取
り消すよう命じました。そして，もし命令を拒否した場合は，脅迫，拷問と死
のみが待っていて，一生囚われの身になると言い渡されたのでした。

　思想の抑圧は，力という概念に対しても同じように起きています。力が行動
に及ぼす影響に関する研究と対話は，研究者自身の地位を危うくする危険があ
るように思います。

　これは個人的見解ですが，交流分析の活動においても，これらの力の理論は
ほとんど無視ないしは誤用されたまま，交流分析のトレーニングに責任をもつ
メンバーに伝わっているのではないかと思っています。交流分析は力の乱用に
気づき，それを避けるためのトレーニングシステムをもっているにもかかわら
ずです。同時に，驚くことではありませんが「批判的な親Ⓒℙ」として表現され
ている，強力で救いようもない嫌悪すべき本質に，強い抵抗が生まれています。

　現実を系統だて，科学的に検証していくには大きな努力が必要です。しか
し，その研究が個人や政治的な理由で拒まれると，その課程は二重に困難なも
のになります。

　研究の対象が力である場合，自ずとその乱用が明かされることになるため，
力をもつ人たちによる抵抗がきわめて大きなものになります。その働きを理解

しようとするならば，自らの力が作用する範囲を認識することから始めなければなりません。自分が力を乱用しているかもしれないという可能性も含めてです。

　本当のところ，精神医学や心理療法に関わる医師は職業柄，地位としての力に慣れているので，慣れ親しんだ状態を揺るがす研究を嫌がります。また彼らは寛大なので，優しい口調で，さりげなく，気づかれずに，抑圧する可能性があります。このような状況において，力や支配を科学的また政治的に研究することは，社会の根底を揺るがす，時には革命的で危険な活動なのです。

パワープレイ

　人は力を欲し，世の中のあらゆるものを自分の支配下に置こうとします。他人を支配しようとする時，パワープレイと呼ばれる交流の形式が用いられます。

　パワープレイとは，相手が，できればやりたくないことをやらせたり，やりたいことをやめさせたりする交流を指します。

　私たちは力が実際にどのように働き，機能しているかについて，いつもは意識していません。それは私たちがすでに支配のなかに生き，力の乱用に対しても，自然に抑圧される役割に適応することを学んで育ってきたからです。私たちは階級制度や競争社会の環境に生まれ育ち，体験していくなかで，バランスを欠く支配とその乱用を当然のように受け入れ，それらを長い人生の体験のなかで自分の心に刷り込んでいきます。

　力の乱用は大きく二つに分けることができます。一つは物理的，もう一つは精神的な力の乱用です。そして強弱の幅としては，さりげないレベルからあからさまなレベルまで，さまざまなレベルがあります。

　たとえばあなたが公園のベンチの日当たりのよい場所に座っていて，私がその場所を手に入れたいとしましょう。もし私が，あなたからその場所を取り上げたら，自分の力を明らかに示したことになります。私が十分強ければ，あなたを座っている場所から押しのけたり，つまみ出したりできるかもしれません。これは明らかに物理的な力ですが，場合によっては，物理的な力を加えずに精神的な力で，あなたを移動させることができるかもしれません。

精神的な力とは，私があなたのエネルギーを利用して，あなたが本来やりたくないことをやるように，つまりベンチから移動させるように仕向ける能力を指します。精神的な力はすべて，いかに相手を従わせるかという技術なのです。私は，ベンチから移動しなさいと，脅すことも，おだてることもできます。また，あなたに罪悪感を抱かせ，私に席を譲らせるようにすることもできます。さらにあなたを脅迫したり怒鳴ることもできます。笑顔や約束事で誘惑する方法もあれば，席を譲ることは国家の安全のためになる，と説得することもできます。私はあなたをそうするように仕向けて騙したり，嘘をつくこともできます。

　このように，私が物理的な力を加えずに，自分の場所を譲ろうとしないあなたの抵抗に勝ったとしたら，私は精神的な力を使ったことになります。どれもパワープレイであり，相手を服従させようとするものです。

　パワープレイを2つの軸をもつ，2次元の図式に示してみましょう。横軸を「精神的」から「物理的」とし，縦軸を，「さりげない」から，「あからさま」とするとすべての支配を4つの領域に分類できます（図1）。

【第一区分：あからさまな物理的な力】

　たとえば，粗野で強力なものから順に並べると，殺害，暴行，拷問，監禁，強制的な食事や薬の投与，飢えさせる，攻撃する，物を投げる，ドアを蹴る等となります。

【第二区分：あからさまな精神的な力】

　たとえば，脅迫的な声色と顔つき，侮辱，表情等で明らかな嘘をつく，あからさまにすねたりやけくそになったりする，さえぎる，あからさまに物事の定義や意味を置き換える，人への過小評価。これらはどれも物理的な力を含んでいないので，あからさまな精神的な力の分類とされます。

【第三区分：さりげない物理的力】

　第一区分の，物理的で，あからさまな事柄よりも難しいのですが，力支配をさりげなく，物理的に表現している状況を指します。たとえば，高いところから相手を見下ろす，自分だけ机がある，部屋のなかで権威を象徴する場所に座っている，相手に鼻先をつけるほど接近する，相手のプライベートな場所や事柄に侵入する，さりげない声の抑揚。この区分の支配には特に女性の方の関心があると思われます。なぜなら，男性は女性にこのような支配をしばしば行

第4章　愛と力　53

粗野（あからさま）

「粗野で物理的な力関係」	「粗野で精神的な力関係」
殺害	侮辱する
強姦	声をあげる
監禁	脅迫的な声色
拷問	妨害する
殴る	すねる，不機嫌な表情
押しのける	無視
ドアを蹴る	露骨な，ずうずうしい嘘

物理的 ——— 第一区分 ｜ 第二区分 ——— 精神的

第三区分 ｜ 第四区分

触れる	あやまった理論
接近	皮肉なユーモア
切迫(相手のスペースに侵入する)	軽視，尊重しない
腕を引く	告げるべきことを告げない
相手を立たせる／座らせる	宣伝
相手の頭を犬のように撫でる	プロパガンダ
特定の場所を占領する	

「洗練された物理的な力関係」	「洗練された精神的な力関係」

洗練（さりげない）

図1　パワープレイ

使するからです。

【第四区分：さりげない精神的力】

　たとえば，さりげない嘘，全部を言わない嘘，すねる，またはやけくそになる，皮肉，否定的な比喩，ゴシップ，噂，筋の通らない論理。そして，もっともさりげないもっとも精神的な支配としては，宣伝広告やプロパガンダがあげられるでしょう。

　さまざまな支配の形式やパワープレイについては，『力の乱用なき権力（*The Other Side of Power*)』（Steiner, 1981）に詳しく書いてあります。

　人々が体験する力の抑圧や乱用は，精神的なものがほとんどです。通常，人々は極度の暴力的な状況に置かれていても，直接物理的な支配を体験しているわけではありません。とはいえ，物理的な暴力は常にどこにでもあり，それは水面下で心理的な力の乱用を引き起こします。これは特に女性や子ども，弱

者への DV や暴力に見ることができます。

　具体的な例では，暴力的な男性が1回爆発暴走することで，何週間，時には何カ月も妻子を怯えさせ萎縮させます。暴力を与えた人が，ちょっと脅迫めいた声色や視線を浴びせるだけで，相手の記憶のなかの暴力を呼び起こし，服従させるのです。

　精神的な抑圧は最終的に「奴隷思想」として表されます。奴隷思想とは，虐待されたり，粗末に扱われる理由をもっともだとし，人生の抑圧的な状況を受け入れる心の枠組みであり，自分の抑圧者を，批判するあらゆる人から守るというところにまで至ります。典型的な例としては，虐待を受けている妻が暴行している夫をかばい，弁護し，残忍な夫の暴力をやめさせたり夫から離れる方が安全であるにもかかわらず，それをしないという状況です。

　申し分のない例とは言えませんが，よく見られるのは，力の乱用の影響を受けた人が自分に責任があるように思うことです。たとえば，大変働き者の父親が，十分な収入を得られないことを，「自分は家族を養うだけ十分かせげない。子どもにきちんとした洋服や靴も買ってやれないし，満足な教育も与えられない」と罪悪感と責任を感じたりするのです。

　私たちが，ラジカル精神医学で，この内在化した抑圧のメカニズムを概念として打ち出した時，それを親（Parent）と呼びました。ホギー・ワイコフはこの親に「ピッグペアレント」というあだ名をつけたのですが，この俗語は反戦と反警察の時代にはぴったりでした。

　人々の頭のなかにあり，それを自分自身を見張る看守とすることによって，抑制する側の人間の手助けとなる思考，信念，態度，禁止令のすべてを象徴したのが，ピッグペアレントという言葉です。

　たとえば先ほどの暴力を受けている妻は，沈黙を守り，本当は心のなかで違うと知りながらも，ガミガミと果てしない相手の軽蔑や粗暴な言葉を受け入れるのです。なぜならピッグペアレントが彼女の耳に「良妻は従順であり，夫に反論するものではない」とささやくからです。また，自分を不憫だとか可哀相だと思うようなことがあれば，その時も「わがままを言うな，よき妻でいなさい」と，ピッグペアレントの声がします。

　ピッグペアレントという名は，さまざまな視点から批判があったので，「批判的な親 Ⓒ」と置き換えました。「批判的な親 Ⓒ」とは，ピッグペアレント

ほど劇的でも感覚的にとらえやすい言葉でもありませんが，同じ機能をもっています。

　名前はともかく，自ら内面に取り入れた自己抑圧が働くため，ごく少数の人たちが何百万，何千万もの人々に向かって一睨みするだけで，あるいは握りこぶしを挙げるだけで，抑圧を強いることができるのです。抑圧に対して従順に従うという根強い傾向は内在化した抑圧によるものであり，その抑圧を取り除くことが私たちにとってもっとも大切なことです。

力と愛，そして人工的につくり出される不足状態

　競争市場における商品価値とは，商品自体の本来の価値ではなく，常に需要と貴重性によって決定される価値のことを指します。たとえば，空気は生涯必要不可欠であり，非常に貴重なモノですが，市場としての価値はありません。なぜなら，空気は当分の間十分にあるからです。

　特定のモノの不足状態は，それが実際にであれ認識によるものであれ，支配の出現に必要なものです。たとえば私たちが，食，住居，生活用品について必要である，もしくは必要と思っているものが不足していると認識した時，そのモノの価値が上がります。

　モノに価値が出るということが，不足状態によるのであれば，それはパワープレイの対象となります。逆に，いつでも自由に無料で手に入るもの，つまり不足していないものは，高価とみなされないので，パワープレイの対象とはならないのです。ここで言う不足には，事実に基づく不足状態と，人工的に演出された不足状態があります。空気や水や食物のように生存に絶対的に必要なものがあり，これらの供給が現実に不足している場合は実際の不足状態です。

　たとえば特定の地域で飢餓が発生し，食べ物が十分に行き渡らない場合は，実際に存在する不足状態です。しかしながら，私たちが経験する多くの不足は人工的です。それは特定の商品を買い占め，経済の循環から取り除くことにより引き起こされる，「市場を追いつめた」結果でありえます。

　人工的につくり出された不足は，人々のエネルギーを消耗させます。それは人々が必要としている商品を手に入れるために，さらに努力するからです。そこで，不足をつくり出すのを防ぐ独占禁止法が制定されました。

しかし法律だけで，あらゆる人工的な不足を予防できるわけではありません。例えば流行のファッション，ブランド，最近人気のカリスマ指導者や女優など，こうした人工的不足は，その商品を欲しい，または必要だと錯覚させて，比類ない価値をつくり出します。必要性が錯覚である時，実在しない必要性を満たすことはできません。

　このような人工的不足を，衣食住の分野や人的資源の分野においてもつくり出すことができます。愛や，相互認識や，共感などにおいては，人々が「ストローク経済の法則」のルールを固く守っているため，不足状態になっています。その影響やその結果により，人々はストロークを手に入れるために，力関係を乱用したり，独占したり，たたき売ったり，売買したり，インチキしたり，嘘をついたりします。

力の不足——無力

　人間に関わる不足のなかでもっとも究極的なものは，力自体の不足です。人生を切り開いていく力，運命を操る力を含めて，私たち一人ひとりの力が今や大幅に削りとられ不足状態になっています。それによって力もまた，人が本来もっている力を離れて，競争の対象となりました。こうして人は自分が無力であると感じ，力を得るための力を求めるのです。つまり，お互いに他人から力を奪い取ることで，自分の強さや自分の意志の強さを増すという幻想に陥り，お互いに競争し合うことになります。

　実際に私たちに力があるかないかは，幻のようなものではありません。人の力は客観的，具体的に測れるもの，つまり，対立する力をどれだけ克服できるかという，測定可能で客観的なものなのです。さらに，感覚として**感じる力**は主観的であり，客観的な力と必ずしも一致するものではなく，実際より強く，あるいは弱く感じることがあります。主観的な力は，「批判的な親ⓒⓅ」と「養育的な親ⓃⓅ」の活動によって変化する重要な要素です。「批判的な親ⓒⓅ」は主観的な力を弱め，「養育的な親ⓃⓅ」はそれを強化していきます。

　「批判的な親ⓒⓅ」が人間の力を蝕む現象を，神学者であり社会学者でもあるマイケル・ラーナーは「過剰な無力状態」(Lerner, 1997) と名づけました。過剰な無力状態とは，現実がそうではないのに，人間が必要もなく自らつくり出

している力の不足状態です。商品や愛や力等において，人工的な不足の餌食になる私たちは，自己のバランスを崩し，従順で言いなりになり，現在の不足を補おうと目の前の事柄にとらわれ，この問題の本質をつきとめ対処することができないのです。このような人工的な不足は，すでに力をもつ者の利益となる一方，力のない者たちはいつも赤字で，なんとか生き続けるために生存ラインの瀬戸際であえぐことになります。

力の不足状態を克服する道は，人がすでにもっている自分たちの本来の力を解放することにあります。力不足の回復とは，人を支配することでもなければ，人を見下すことで自分の強さを錯覚することでもありません。自分の人生に肯定的な変化をもたらし，不必要な抑圧に抵抗し，己の内からの力強さをもち，人と協力する，そのような力をもつことです。

この力を誰でも呼び起こすことができます。階級制度や競争や支配を受け入れて，それらに従い続けるのをやめるためにも，自分たちのもつ本来の力を呼び覚まし，互いに助け合う必要があります。

権威主義的な制御　VS　カリスマ性

私たちには力という豊富で多彩な資源があります。そのなかで，圧倒的な位置を占めているのが支配力で，それが抑圧的で権威主義的な競争システムを生み出しています。

私たちは，力は支配と同義語であると教えられていて，新しいことをつくり出したり，力強く生きるための方法は支配だと考えます。これが支配と同等に重要な力である，愛，コミュニケーション，知識等を貶め，人間の多次元の可能性を「成功への梯子」ただ一つだけの次元に矮小化してしまうのです。そしてその一次元の梯子に一列に並びながら，支配力の強い者が上，弱い者が下と，お互いを踏み台にしながら，上へ下へともがいています。

人間は，上下関係よりなる階級制度を形成する傾向が強く，それは社会全体の統制を失う危険を孕んでいます。力をもつ権力側と力をもたない無力な人たちの間に共鳴が起き，大勢が力を放棄し，その力を欲する一人の人物がそれを取り上げることで，両極端が生まれる危険な状態が起きるのです。

たとえば，マスターと奴隷，リーダーとフォロワー，上下関係にある家族，

学校，職場等があげられます。そして上下関係が社会的風潮として強化されると，時には国家レベルでの「完璧な勢力の嵐」が起こる条件が整うことになります。ヒトラーやスターリンが歴史的な事例です。けれども，権力に従順に従うことを強制されても，自分自身の力を見失うことのない感性のもち主が必ずいます。このような人たちは支配者に対する抵抗派（レジスタンス）になっていきます。

　支配に抵抗する人は，自らの力をもっているのです。このような力をどのようにして手に入れることができるのでしょうか？　私たちは誰でもすでにもっている7つの力とそれらを活用する力によって，それぞれのもつ力を開花させることができることを後ほど説明します（第8章参照）。

　7つの力を念のためにここでもう一度，ご紹介いたします。それらはバランス，情熱，コントロール，愛，コミュニケーション，情報，超越です。

　人間の総合的な力や存在感は，各々の7つの力をどれだけ発掘し発展させているかに関わります。そのどれもが，実際の世の中で人のもつ影響力を高めます。力を多様多彩な存在としてとらえると，支配が力の源であるという考えがごく限定された見方であることがわかります。

　この限定的な見解をもつ多くの人が，支配階級で高い地位を占める少数の人の下で無力な状態に陥ります。少人数による支配に対するもっとも有効な対策は，一人ひとりが自分の多様多彩な力を育て，できるだけ多くの人にその力を還元していくことです。

　それは誰にもできることです。自分自身が学んだ後，人に教えることもできます。お金に余裕があれば，遠い国の子どもを養子に迎えることもその一つでしょう。あるいは書いて言葉にすることで人々の心を奮い立たすことができるかもしれません。シャイな人がいたら，踊りに参加するよう勇気づけることができます。私たちは自分たちの感情を分かち合うことができます。そして，落ち込んでいる人たちが希望を取り戻す手助けもできます。私たちにできることは無限です。

第I部のまとめ

　人は力を必要とし，それを欲し，それを得るに値する存在です。そして愛は

力の源泉です。力のどのような用い方が有害または有益であるかを理解することが，大変重要なカギとなります。心を中心とした交流分析家の仕事は人が自分自身を力づけられるよう手助けし，同時に自分自身が力の乱用を拒否し続けることです。

　この過程を学ぶ最初のステップは，心を開くことです。しかし，「批判的な親⫶⫶」の支配が強く，競争の激しい環境下では，愛を豊かにする交流を学ぶのは困難です。私たちには，遺伝にもとづく大脳辺縁系に力づけられて愛が主役となるような，豊かな社会的母体が必要なのです。このような愛を育む豊かな人間関係で構成される環境をつくるには，以下の4つの社会のあり方が助けになります。

- 協　　力：力関係ではなく，各自が望んでいることを100パーセント表現した上で，お互いの希望が満たされるように話し合うこと。
- 力の均衡：力をもつ人が力を手放し，力のない人が力をつけること。
- 真の正直：内容を省いたり，加えたりするような嘘をつかない。
- 優 し さ：助けを必要とする人に，共感をもって対応する。

　このような心得が，愛の力を育む手助けとなる豊かな基盤をつくります。このようなことは，日常のどこででも，家にいても仕事中でも，道で歩いている時ですら，行うことができます。勉強仲間やクライエント，友達，家族に対して，特に子どもたちが青春期を迎え，社会に出て次世代を担おうとする時，子どもたちに対してこのような姿勢で接することができるのです。

　実際には，現代のような高層ビルの立ちはだかるコンクリート・ジャングルの世界で心を開くのは大変難しく，根気を要することでしょう。しかし，私たちがこの課題に心底打ち込むならば，信頼に足る強力な仲間，同盟である人間に備わった自然が私たちの味方となり，機会さえ与えられれば「愛と協力」を実践する辺縁系的本能が刺激され，さらに発展し繁栄していきます。

第Ⅱ部

ストロークを
中心とした理論

第II部の導入
——メタファー，メソッド，科学——

　ストロークを核とする交流分析は，エリック・バーンの労作であり，時とし
てバーンの出発点となったものです。ここでは，ストロークを核とする交流分
析を，できるだけ簡単明瞭に述べていきます。

　本題に入る前に，まず，一般的な行動理論，なかでも特に交流分析の本質に
ついて見ていきたいと思います。例えば，ジークムント・フロイト，カール・
ユング，ウィルヘルム・ライヒ，アルフレッド・アドラーやアルバート・エリ
スの各理論，ゲシュタルト療法や認知行動理論，NLP[訳注1]，EMDR[訳注2]，クラ
イエント中心療法[訳注3]，12ステッププログラム，そしてもちろん交流分析も，
さまざまな側面からメタファーとして，メソッドとして，そして科学としてと
らえ検証することができます（メソッドと科学は明確な概念であり，メタ
ファー的側面については後ほど詳しく述べていきます）。

　どの理論にも，それら三つの側面（メタファー，メソッド，科学）が混在し
ています。理論によってはメタファーとメソッドに重きを置くものもあれば
（例：フロイト理論，ゲシュタルト理論），メソッドと科学に（例：エリス理論，
認知行動理論），またメソッドに重きを置くもの（例：ゲシュタルト理論，クラ
イエント中心療法，12ステッププログラム）もあります。

　一般的に心理学の理論は段階を経てつくり上げられます。最初は，ある方法
が有益であると思われた時に，メソッドとしての形成が始まります。そしてさ
らに成果が実証されると，メタファー的な説明が導き出されます。その後，調
査研究が促され，最終的に有効性が実証されることで，その心理学の正当性が
確認されます。

[訳注1] 神経言語プログラミング（Neuro Linguistic Program）の略語。世界的に卓越した3人
　の，コミュニケーションの達人であり，セラピストであるM. エリクソン，F. パール
　ズ，V. サテイアの理論を，1970年代，米国の言語学者，J. クリンダーと心理学者，R.
　バンドラーが体系化した心理療法理論である。
[訳注2] EMDR は眼球運動による脱感作および再処理法（Eye Movement Desensitization and
　Reprocessing）の略語。
[訳注3] カール・ロジャーズを中心とした来談者中心療法。

例を挙げましょう。話すことによる有益な効果が見られたことにより，「会話療法」というメソッドが導き出されました。そのメソッドは時間を経て，種々のメタファーから成り立つ複合的な精神分析理論へと練り上げられました。その後，精神分析的なメソッドとメタファーが有望であると考えられ，科学的調査と検証が行われ，理論の有効性が確認されました。

　検証の結果，有効性が確認できなかったメタファー（イド〔訳注：無意識の一部〕，エディプス・コンプレックス，ペニス羨望）や，メソッド（自由連想法，解釈，転移分析），また，有効性が確証された精神分析概念（幼児期の劇的な出来事とトラウマの重要性，本能と感情の関連性，心理的・身体的な相互作用，カタルシスの有効性）もありました。

　現代における交流分析理論は，三つの側面（メタファー，メソッド，科学）のどれをも網羅しています。

①メタファー

　交流分析が，人の心を引き込む魅惑的なメタファーや，洗練された格言と新語の集積として始まったことが，70年代に交流分析が人気を博す基盤でした。

　メタファーは，修辞技法の一つであり，物事を他の物事で伝えることによってわかりやすく喩える方法です。それは，物事の性質を，**同じ意味をもつ**他の事柄に喩えることによって，具体的な特定をせずとも直感的に感じ取れるようにする方法です。

　たとえば，ジョンは恋人のジェーンに背を向けて離れていき，ジェーンは泣きながら，心が傷つけられたと訴えているとします。ここで用いている「心が傷つけられた」という言葉は，愛が裏切られた時に伴う強い痛みを表すメタファーです。ここでは，「傷つけられた」（痛みと失望のメタファー）と「心」（愛のメタファー）は，ジェーンの涙とジョンの思いやりのない態度という，個別に存在する出来事の関係性が，それぞれの性質を現すメタファーによって表現されています。心，傷つく，思いやりのなさ，は別々な事柄であり，客観的な関係性はありませんが，ジェーンが（主観的な体験を表す）メタファーを用いることによって，その言葉が事柄の意味をつくり出し，ジョンの頭のなかに意味のあるイメージを思い起こさせます。

　メタファーは常に科学的な発見に先行します。細菌論が展開される前，医学者は，病気は不快なにおいや悪い空気によるものとしていました。これらのメ

タファー（不快なにおいと悪い空気）は直感的に正しいと思われ，広く人々に
受け入れられました。近代細菌学への道は，このように不潔さと病気を関連づ
けることによって開かれたのです。

　一方で，中世に広く知られた「体液のバランスをとる」という医学的メタ
ファーもありました。それは，人間の4種類の「体液」（血液，粘液，胆汁，黒
胆汁）のバランスをとる手段として，瀉血，つまり血液を除去することが正し
く，必要なことだと思われていました。特に，「赤みを帯びた」顔色や過度に活
発で荒々しい人は，血液過剰であり，血液の除去がよいとされていました。

　上記のメタファーは，科学的な根拠が実証されないまま，最終的に消滅しま
した。もし，こうしたメタファーによるメソッドに，一時的でも成果が確認さ
れるとしたら，それは単にプラシーボ効果によるものです。このようにメタ
ファーにも良し悪しはあります。

　交流分析は，メタファーに満ちています。たとえば，自我状態の理論では，
ある種の衝動的で非合理的な行動を幼児期に喩え，子どもの自我状態というメ
タファーがつくられました。「私はOK」というメタファーは，自分自身を良し
とすることを意味します。また三つの輪が重なっている図は一人の人間を表
し，そして，二つの自我状態の間の矢印は交流を指しています。これらのメタ
ファーは厳格な科学的な事実としてではなく，魅力的で，上手につくられた効
果的な概念として理解され，使われています。

　②メソッド

　交流分析がメタファーのみを基礎としていたら，現在に至るまでの長期間に
わたる信頼を得ることはなかったことと思われます。交流分析は，自分や相手
に望ましい行動と変化をつくり出すことを目的とした，情報に基づく実用的な
メソッドであり，観察と発見により開発された，行動と認知方法の技術を備え
ています。

　また継続的に適用できる首尾一貫した理論をもとに，試行錯誤を重ねて実証
されてきた心理学でもあり，現代のセラピーと教育に広く実施されるようにな
りました。交流分析的アプローチの有効性はクライエントの評価も得て，厳格
に研究を重ねたテッド・ノビィー（Novey, 2002）によって裏づけられました。

　③科学

　豊富なメタファーをもち合わせ，メソッドとしても裏づけられている交流分

析は，科学的情報に基づく人格の理論でもあります。それはエリック・バーンが，創立の頃から最新の社会心理学，神経学および当時の進化論の科学的知見を取り入れ，交流分析理論を構築したことに由来します。

　そして現代では社会科学における研究が，交流分析の基本的概念である，契約，ストローク，OK/OK，脚本（Steiner, 2003）の有効性を立証し続けています。半世紀前につくられた概念が存続し続けることは，創立時よりエリック・バーンが高いビジョンをもって，この理論と技法をつくり出したことを表しています。

　交流分析のすべての概念が三つの領域（メタファー，メソッド，科学）すべてに及んでいるわけではありません。概念によってはメタファーのみの機能をもっている場合もあります。

　たとえば，交流分析の主なシンボルである三つの特定された自我状態，親，成人，子どもは，専門家の研究調査による実証がなく，科学的な裏づけができていません。しかし，人々が交流分析に関心をもつ理由として自我状態がよくあげられます。これは自我状態が，強力なメタファーとして大変有効であるからです。

　このように自我状態が人気を浴びると，本来メタファーであるはずの自我状態を理論として発展させようとする動きが起きます。それは抽象的な事柄を実体化させ，本来は適用できない具体性を与えることになります。

　ここでの実体化は，メタファーをあたかも実在する，測定可能な現象として扱うことを指します。メタファーである自我状態を，検証された再現性のある現象のごとく「研究する」ことは，実際にはできないことです。自我状態を理論として展開すればするほど，その研究の実態がなくなり，中世の天使論同様に，針の上で天使は何人踊れるか？　というような，実践的ではない議論となってしまいます。

　同じことが，人生脚本のマトリックスで交流の矢を過度に増やすこと，また脚本のなかで「ドライバー」の数を倍増すること，他に交流分析が用いるメタファーの本質を区別せず扱う課題にも当てはまります。

　過度な理論拡張をしなくても，自我状態というメタファーは自分や他人に望ましい変化をつくり出すための，魅力的で有効な方法の基盤なので，真剣にとらえることができます。

このように，メタファー，メソッド，科学を区別して扱うことは，交流分析が専門家や学界に認められることを求める場合，大変重要です。有効かつ実践的ツールである交流分析のメタファーやメソッドを，実証された事実のごとく話すと，専門家から，単純で偏狭で経験の浅い人と評価されてしまいます。

交流分析が学問として科学的に認知され，これからのセラピーと教育方法として尊敬されることを目指すのであれば，科学的言葉遣いと検証が唯一の方法です。このような研究を実行するには，交流分析家が，研究資金と研究可能な大学生を有する学界に属していることが必須です。

けれども現状は，それとはほど遠い状況です。それに加えて，専門家や学界からまともな評価を得たいと考えるならば，スタンプ，ギミック，ホット・ポテト，ラケットなどのおどけた新語をやめ，標準的な国語辞典に書かれている言葉に置き替える必要があります。

今後は，交流分析が提示している内容を行動科学の視点から研究し，科学的な裏づけを取得するのが最善の方法と確信しています。私自身が，ITAA（国際交流分析協会）の研究・革新担当副会長として従事した2001年から2003年の間に，科学的な裏づけを確認するためのさまざまな調査プロジェクトを実行しました。

そのなかで，OK/OK，脚本，ストローク，契約，その他の行動・認知の方法の概念を裏づける十分な確証を見つけることもできました。それらの要約はITAA（International Transactional Analysis Association）ニューズレターの『脚本（*The Script*）』（Steiner, 2005）に掲載されています。

現在では行動科学の研究が進められているので，交流分析と関わる分野に特別な注意を払い，裏づけとするためのさらなる実証研究を積み上げてゆくことが必要だと思います。

ストロークはメタファー，メソッド，それとも科学？

次に，三つの側面（メタファー，メソッド，科学）から本書が追求しているテーゼ，「愛こそが答え」にとって，もっとも重要であるストロークという概念を検証していきたいと思います。ストロークの概念は，主にメタファーであるか，効果的なメソッドの基盤であるか，科学で確認できることであるかを検証していきます。

【メタファーとしてのストローク】

　ストロークは，認められる必要性を表すメタファーとして，大変優れています。このメタファーが，バーンの格言「人はストロークがなければ脊髄が萎縮するだろう（If you are not stroked your spinal cord will shirvel up.）」（1964, p.14），そして，童話『ぬくもりさんのおはなし』（第3章を参照）をつくり出すきっかけとなりました。またこの童話が，今では誰もが知っているほど一般的なフレーズとなった「warm and fuzzy」を広げ，新しいライフスタイルとして大衆文化に影響を与えました。

【メソッドとしてのストローク】

　ストロークをセラピーや教育のメソッドとして用いる有効性は，科学的検証が可能になるはるか前より，数十年にもわたる経験値にて示されています。例として，TLC（tender loving care 思いやりや配慮が行き届いたケア）や，サポート・グループがあります。そしてコンタクト（接触，つながりをもつ），インターアクション（対話など，相互作業があるやりとり）やタッチ（触れること）を奨励する，さまざまなエンカウンターグループもあげられます。

【科学としてのストローク】

　現時点で，ストロークという名前では，再現性を実証する研究はなされていませんが，ストロークを表すさまざまな概念が広範囲にわたって研究され，言及されています。交流分析はその研究結果に基づいて展開されています。研究がなされている課題の例としては，「ふれ合い」，「愛着」，「親密さ」，「ぬくもり」や「思いやりと配慮が行き届いたケア」，「帰属意識」，「親しさ」，「関係性」，「社会的支援」，そしてもちろん，「愛」があげられます。

　認められること，すなわちストロークを得る必要性（「帰属の必要性」）は，人間の根源的な動機であることを，バウマイスターとリアリー（1995）が，徹底的な文献的考察に基づいて研究し，「すでにある証拠は，帰属の必要性は強力かつ根源的で，きわめて普遍的であるという仮説を支持する」と結論づけています。

　また，養育的で身体的なストロークが心と身体の健康維持に必要であることは，無数の学術研究で調査されてきました。そのなかでリンチ（1988）とオーニッシュ（1998）が，愛と健康との圧倒的な関係を明らかにする優れた文献的考察をしています。

そしてもっとも重要視されているのは，ボウルビーとエインズワースの一連のアタッチメント（愛着）の研究ですが，愛着理論（1991）にはストローク理論が埋め込まれています。その研究結果は，幼児の成長には，安心して頼りにできる養育者とのふれ合いが欠かせないとするものですが，これらは交流分析ではストロークと呼んでいる概念の決定的な科学的証拠とみなすことができます。

　今後，交流分析家がストロークの研究を行う場合，研究対象となる概念を厳格に定義づけることが必要になります。このような研究が，いつかどこかで実行されることを願って，私の考えるストロークの厳格な定義を以下に示そうと思います。

①ストロークはコミュニケーションの単位です。具体的には，Ａさんが意識的に情報をＢさんに伝達し，Ｂさんがその情報を受け取る交流をストロークと言います（「情報」という用語を私がどのように用いているかの説明は第13章を参照）。

②Ａさんがストローク（バーンは刺激と呼んでいました）を通じて伝達するのは，Ｂさん自身についての情報です。

③Ｂさんが，Ａさんのストロークを承認することによって（バーンは交流反応と呼んでいました），コミュニケーションが完結します。

④ストロークによって伝達される情報の形式は，ａ）評価的な言語表現，ｂ）行為による非言語的表現，またはｃ）言語と非言語的の両方による表現，になります。

⑤評価的な言語表現としてのストロークのほとんどは形容詞です。それは肯定的，否定的，または，肯定と否定の組み合わせです（例：美しい，醜い，賢い，バカな，良い，悪い等）。

⑥非言語的情報は，友好的または非友好的な行為（心遣い，はねつけ，笑顔，しかめっ面，抱擁，平手打ち等）とその行為に似合う愛情表現（好意的から情熱まで）あるいは嫌悪表現（嫌気から憎しみまで），また両方の感情が混ざって伝達されます。

⑦情報を発信するＡさんにとってストロークに肯定的な感情（愛，希望，喜び，信頼）が伴う場合，肯定的であり，否定的な感情（怒り，恐れ，

失望）が伴う場合は否定的なストロークとなります。情報を受け取る B さんにとっては，心地よく感じるのであれば肯定的ストロークであり，A さんの意図するところかどうかにかかわらず，B さんが心地よく感じられないものは，B さんにとっての否定的なストロークとなります。

⑧ストロークに対する応答は，B さんが受け取った情報が何であるかによって異なります。

　ストロークの定義としては，暫定的で部分的ですが，ストロークを学ぶ方々に役立てていただければと思います。私の専門としているこれらのテーマに関して，みなさんの見解やご感想をお知らせいただければ幸いです。また，実験的な手法で，このテーマについて研究をなさりたい方は，ぜひ私のホームページにご連絡ください。

www.claudesteiner.com　〔訳注：こちらのホームページはクロード・スタイナー氏の他界に伴い，閉鎖されました。〕

まとめ

a. メタファーとして：ストロークの概念は，交流分析の中心となる，大変優れたメタファーであり，交流分析のすべての理論を一つのシステムとして見事に結びつけています。これについては本書で，後ほど具体的に紹介いたします。

b. 科学として：ストロークとその重要性は，行動科学の独自の研究で十分に裏づけられています。

c. メソッドとして：何世紀にもわたって，健康療法や心理療法の専門家から，ストロークは治療法のきわめて重要な要素と認識されています。

　それでは，ストロークを中心とした理論について，さらに詳しく見ていきましょう。

第5章

ゲームと脚本

愛を得るためのゲーム

　交流分析の二つの主要な概念は，ゲームと脚本です。ゲームとは，始め，途中，終わり，そして報酬という一連の交流パターンをもち，何度もくり返されるものです。人々の交流を観察すると，しばしば互いに明らかに不快で有害な交流をくり返していることに誰もが気づくことと思います。このようなくり返し起きるパターンを，バーンは「ゲーム」と名づけました。ゲームでは，愛情という肯定的ストロークを求める努力をしても常に成果に結びつかず，否定的なストロークを生み出してしまいます。

　報酬とは，ゲームのプレイヤーにもたらされるメリットです。バーンは，ゲームにおけるメリットには，時間の構造化におけるメリットや，内的，外的，社会的，心理的，生物学的，実存的メリットなどが存在すると言いました（1964, pp.56-57）。

　ここでは生物学的メリットと実存的メリットに焦点を当てていきたいと思います。生物学的メリットとはゲームのなかの交流から得られるストロークを指しています。実存的メリットとは，人が選んだ人生脚本の実存的立場と脚本のストーリーがゲームによって立証，補強されていくことです。

　ゲームが生物学的，実在的，両者のメリットをもたらす典型的な例として，憂うつな結末で終わる「ええ，でも」のゲームをあげることができます。

　ブルースは仕事も上司も大嫌いで，自分は同僚に嫌われていると信じています。彼は憂うつで落ち込んでいます。どうすれば道が開けるのでしょう。土曜日の晩，ブルースはバーで飲みながら友人に愚痴をこぼします。友人たちは彼を助けようとします。

71

テッド：「その会社はもうやめて別の仕事を探したら？」

ブルース：「そうだね，それがいいよね。でも，今くらいの給料をくれる仕事は
　　　　　ないんだ」

ネッド：「労働組合に仲介に入ってもらって上司と話し合ったら？」

ブルース：「それも考えたけど，今の労働組合の担当者は女性なんだ。この手の
　　　　　問題は彼女にはわからないんだよ」

フレッド：「週末にヨガでもやって，自分を守ってくれる光のバリアーでもつ
　　　　　くってみたらどう？」

ブルース：「それはいい考えだね，でも，それってすごくお金がかかるの知って
　　　　　る？」

　ゲームは順調に進みます。ゲームの間，各プレイヤーは特定の役割を受けも
ち，その役割を交互に移行させていきます。

　ゲームにおける三つの主要な役割である，「救援者（Rescuer）」，「迫害者
（Persecutor）」，「犠牲者（Victim）」を，カープマン（1973）がドラマの三角形
（Drama Triangle）で説明しています（図２）。

　これらの心理ゲームにおける役割は，救援者Ⓡ，迫害者Ⓟ，犠牲者Ⓥのよう
に英字を大文字表記して扱います。これに対して，rescuer, persecutor, victim
のように小文字で表記する場合は日常活動としての救済（rescuer），迫害
（persecutor），犠牲（victim）を表します。例えば，溺れている人を救済する
救援者や，同性愛者を迫害する迫害者，地震災害の犠牲者のようにです。

　このゲームで**犠牲者**役のブルースは，絶望的とみなしている問題に助言をす
る**救援者**役に，一人ないしは複数の人たちを誘い込みます。「○○すれば……」
や「○○はどう？」などのさまざまな助言に対して，いつも「ええ，でも」と
いう答えをくり返すブルースに，テッドの堪忍袋の緒が切れてしまいます。

テッド：（イライラして**救援者**から**迫害者**に移行）「君の言うとおりだ。まっ
　　　　たく絶望的な状況だ。自殺でもしたらどうだ？」

ブルース：（怒り，**犠牲者**から**迫害者**に移行）「君って最悪なやつだ！何でそん
　　　　　なこと言うんだ」（悲しい様子で，**犠牲者**に戻り）「結局，こんなこと
　　　　　やっても意味がないとわかっているんだ。君たちが僕を助けること

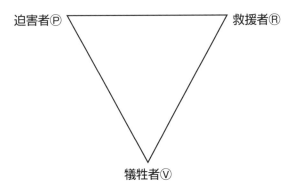

図2　ドラマの三角形（Drama Triangle）

はできないんだよ。そう，これは俺自身の問題なんだよ。さ，飲も
う！」

　これはブルースだけでなく，テッド，ネッド，そしてフレッドのゲームでも
あるのです。つまり，全員が何らかの役割をもって，ここでゲームをしている
のです。

　この段階では全員が落ち込んでいます。そして，ブルースはここで，一緒に
いる飲み仲間の酔いを醒ました自分の影響力に酔いしれています。また彼はみ
んなに一杯のストローク（ほとんどは否定的）をおごり，自分自身の悲観的な
世界観は正しいと証明しています。さらに，ブルースの仲間たちはブルースを
救うことはできない，彼は救われないのだと説得されます。これが，彼らがこ
のゲームから得る報酬です。

　この例にあるように，害のあるゲームをなかなかやめられない人々もいます
が，反対に，**犠牲者**，**救援者**，**迫害者**，といういずれかの役へ誘い込まれるの
を拒否し，この有害なゲームをうまく回避する人もいます。

　ここでは，彼の友人の一人，ジェッドがそうです。彼は，ブルースが自分の
悩みを話し，助言を求めている時，何も助言せず，**救援者**になりませんでし
た。ジェッドは途中で怒りを抱くことがなく，心理的に**迫害者**にも，**犠牲者**に
もならず，その結果，否定的な脚本の正当性を裏づける結末にはなりませんで
した。

　バーンがその著書『人生ゲーム入門──人間関係の心理学』（邦訳：河出書房

新社，2000）で示したように，人々が行うゲームとその役割は実にさまざまで
す。一つのゲームに登場する人物はその全員が一つ以上の役割を演じることに
なり，各プレイヤーは結果的にゲームに参加することの生物学的，実存的なメ
リットを獲得することになります。前述したゲームにおけるブルースの仲間の
生物学的なメリットは，彼らが得たストロークであり，実存的なメリットは
「あなたは実際には誰も助けることはできない」という立場を確証することで
す。

　このゲームや他の苦痛を伴うゲームは　夫婦間，親子間，兄弟間，上司と部
下などの日常の交流の場面において，食卓や寝室，職場や道端など，どこでで
も見られます。

　また反対に，ゲームを避ける人たちは，自分のエネルギーと時間を実りのな
い役割に浪費せず，人を助け，助言を受け入れ，人と協力し，支援し，愛し合
う，つまりドラマがない人生基盤を築いていきます。

　ドラマがある人生とない人生——何がこのような違いを生じさせるのでしょ
う？　相手と愛情を分かち合い，友達を見つけ，パートナーと出会い，子ども
を愛し，そして子どもにも愛される……このように恵まれているように見える
人がいるのはなぜなのでしょう？　また，同僚や上司に感謝される人が恩恵を
味わう一方で，たいした理由もないのにいつもうまくいかず，努力しても失敗
する人がいるのはなぜなのでしょう？

脚本——それは自分の人生に意味をもたせるためのもの

　人は，人生を大まかに，時には具体的に予測し決定づける脚本というストー
リーに従って生きている，とバーンは仮説を立てました。子どもたちが幼い頃
に消防士やバレリーナ，エンジニア，医者や弁護士，最近ではコンピュータの
専門家になるのだと言っても誰も驚かないでしょう。また，若い頃に決心した
ことが後の人生に影響を与えることは，すでにほとんどの人が認めていること
と思います。

　将来何になるかという夢と同様に，子どもは子どもの時期に自分の人生にお
いて，幸せになるか不幸になるか，長生きするか早死にするか，また，愛され
るか見捨てられるかなどの思いをもつことがあります。そして，怒り，寂し

さ，恐れ，恥など，自分の決めた人生観に合う感情を選び，その感情によって生きることになります。この過程を言い換えますと，私たちは自分が誰であると思うかを決め，その決断が私たちの人生をつくり上げていきます。このような自分の人生の結論づけは自分が人を愛するか否か，また人に愛されるのか否かというような，根本的な姿勢までもつくり上げます。

　脚本によっては殺人，自殺，中毒など，悲劇的でドラマチックなものがあります。無視することが困難なものです。他には愛がない，落ち込み，無気力，拒否反応，無能力などといった見過ごされがちな，陳腐でありふれたメロドラマ風の平々凡々たる脚本があります。それは悲劇的なものであれ平凡なものであれ，人々の選択を制限するものです。脚本のその制限は，小さい場合もあれば，人々から完全に力を奪ってしまうほど大きい場合もあります。

　脚本が決定される状況については，ある特定の瞬間に，ごく詳細に決定されることがある一方で，いつどのように決定されたか明確でなかったり，よく思い出せなかったりするものもあります。

　前者のよい例がアンドレ・ジイドです。彼は12歳の時に，14歳の従姉であったマドレーヌ・ロンドーを幸せにするために一生を捧げる決心をしました。彼は同性愛者であったにもかかわらず彼女と結婚し，彼女が亡くなるまで続いた結婚生活は彼にとっても彼女にとっても悲惨なものでした。彼はそのすべてを著書に記録しています（Gide, 1935）。

　私たちが抱く期待は，人生に大きく影響します。もちろん，期待が必ずしも実現するとは限りませんが，それでも私たちの人生の歩みの一歩一歩に影響を与えます。私たちの期待が結果を決定づける要因であることが，自己充足的予言とプラシーボ効果という二つの心理現象において確認されました。

　また楽観主義が私たちの人生に影響するように，悲観主義もまた影響を与えることが明らかにされました（Matlin & Stang, 1978）。自分が子どもの頃にひそかに心のなかで決めた決断が，その後の人生のとらえ方や行動を決定づけます。自分自身の人生脚本を自ら認識し変更しない限り，脚本は予言のごとく存在し，現実となってしまうのです。

　私たちは自分の人生を，ストーリーや物語のような語り口で表します。たとえば「私は優しい人間だ」，「私はすぐに誠実な友達をつくる」，「私が本気でやればたいていの場合成功する」といった前向きで開放的な話もあれば，「私はバ

カだから決して大者にはなれない」，「私は真価を認められることのない天才だ」，「私は醜くて変わり者だから，いつも好きな人に見捨てられる」，「私は判断を誤るから出世できない」といった否定的で抑止的なものもあります。

　このようなストーリーが私たちの人生に制限を強い，私たちの選択する能力を失わせる時，ストーリーは脚本となって私たちの人生を悪い方向に導いていきます。人生をこのように見ている限り，脚本は前向きで肯定的なものにはなりません。

　しかし，脚本をもっている本人（主役）を傷つけながらも，他の人々に好ましい影響をもたらすことがあります。たとえば，ワーカホリック（仕事中毒）の脚本をもちながら，毎週何人もの生命を救っている腕のいい心臓外科医を想像してみてください。これは一見前向きに見える脚本かもしれませんが，実際は，仕事をしすぎることで自身の心臓を危険にさらし，医師の人生に悪影響を及ぼすものになっているのです。

　私は，人々がしばしば次の3種類の脚本のいずれかに陥ることに気づきました。a）私の人生には愛がない。b）私の人生には喜びがない。c）私の人生は混沌としている。それぞれの脚本のストーリーは，それとぴったり釣り合うゲームによって日々推進されていきます。このゲームなしには脚本が燃料切れになります。

　愛の欠如は，「あなたさえいなかったら」，「なぜそうしないの？　ええ，でも」，「私はただあなたを助けようとしているだけです」のような，感情的な失望や絶望のゲームによって支持されます。喜びの欠如は，「アルコール依存症」，「負債者」，「博打打ち」のようなゲームにより，混沌とした人生は「大騒ぎ」，「私を足蹴りにして（キック・ミー）」，「挑発（シュレミール）」のようなゲームにより，それぞれ支持されます。

　ストロークを中心とした仮説では，脚本を終わらせ「ショーを終了させる」もっとも効果的な方法は，ストロークを求めてこうしたゲームに応じるのをやめ，純粋，正直，公明正大でストロークに満ちた交流を行うというものです。脚本はゲームを糧にして存在しているため，ゲームなしでは無力となります。このような形で脚本が支配力を失うと，それがその脚本を破棄する力となります。

　否定的なゲームを肯定的な愛情あふれるゲームに変えるという目標を達成するため，感情表現トレーニングがいかに効果的であるかを見ていきましょう。

第6章

感情の世界へようこそ

　エリック・バーンは心理学と精神医学を多くの面で前進させましたが，その優れた洞察力を，感情の研究には適用しなかったと言えるかもしれません。彼の治療目標は，人々が自身の問題を感覚的に模索することによって，解決策を考えることにありました。彼は，感傷的な治療や，感情や養育を重視しすぎる治療に重きを置きませんでした。

　このような治療の試みを彼は一時的に気分が向上する「チキンスープ」やどんな気分も慰める「グリーンハウス」セラピーと呼んでいました。

　「では，感情は重要ではないのでしょうか？」と問われると「母親に対する愛さえあれば，感情は気分のように変わってもかまわない」などと気の利いた冗談で返すのが好きでした（私信，1966）。

　ここで彼が言わんとすることは，自分の母親との基本的な絆が損なわれる場合は，「子どもの心Ⓒ」に存在する混乱を解消するセラピーが必要になるが，セラピーは感情に注意しすぎるのではなく，クライエント自身の「成人Ⓐ」が問題を解決することに焦点を当てるべきだということでした。

　バーンは，その時代の医学的，職業的基準にのっとった活動をしていましたが，感情について熟知していたわけではありません。たとえば彼は親密であることを，しばしば，欠落という概念で定義していました。

　儀式，ひまつぶし，心理的ゲーム，活動，引きこもり（サンフランシスコでのセミナー，1959頃）などの欠落した状態が親密であると理解するのです。また，親密な交わりは，ゲームをやっていても避けたいと思うような状態であるとも言います（1964, p.172）[訳注1]。

　また彼は，他の機会に親密さを「今，ここに生きている，直観的で新鮮，純真な『子どもⒸ』の解放」（1964, p.180）と表現していますが，私個人として

は，後の定義も前の定義と比べ，飛躍的な進歩があったとは思えません。

バーン自身は親密さの感情について語ることはほとんどなく，人生において親密さと言うべき状態はきわめてまれであり，一生にあってもせいぜい15分程度であると言います（サンフランシスコでのセミナー，1958頃）。彼は，著書『人生ゲーム入門——人間関係の心理学』（1964）の「グリーンハウス」という項で以下のように記しています。

　　そこての実際の感情表現は次のように行われていました。最初に，間もなくその感情が表れると告げられ，次にその感情の描写がなされる際，その感情はグループの人々にとって敬意をもって見るに値する貴重な花であるかのように紹介されます。
　　そしてグループのメンバーたちはあたかも専門家たちが植物園で鑑賞しているがごとく，感情を厳粛に受け止める雰囲気をつくり出します。しかし，問題は，今回の品種が全国感情ショーに出展する価値があるか否かであると思われます。(p.142)

エリック・バーンは「グリーンハウス」や「チキンスープ」セラピーについて冷やかすような表現をしたり，「真情」を反動的に揶揄したりしていますが（p.143），彼は決して冷たい人間ではありません。愛という感情をバーンがいかにとらえていたかは，晩年の著書『交流分析による愛と性』（1970）（邦訳：番町書房，1976）の1ページにもっとも明確に表されています。

彼はそこで，「愛は，誰も涙を流さずには逃れることができない甘い罠」，「人類に与えられたもっとも偉大な冒険」，「そこにもっとも個人的な現実がある」（p.119）と語っています。確かに彼は懐疑的すぎると考えられますし，感情的に打ちのめされて無力であったと言えるかもしれせん。そして，多分感情を読みとく力もさほどなかったでしょう。しかし彼はすばらしく愛に満ちた心のもち主です。それは彼のユーモアに満ちた表現で手に取るようにわかります。そして彼のユーモアは，私が経験した限り，一度たりとも，彼が大事にしている

訳注1）交流分析の時間の構造化理論によれば，人間は時間を構造化するために，次第にストロークの密度を濃くする6段階の行為（引きこもり，儀式，ひまつぶし，活動，心理的ゲーム，親密な交わり）を行うが，親密な交わりはその最上位に位置する。

人たちを不愉快にさせるようなものではありませんでした。

　感情に関する彼の表現は，彼自身がもっとも嫌っていた人間の勝手な感情に焦点を当てたため，皮肉で反感情的な新語をつくり出すことになりました。たとえば，「ラケット」「マシュマロを投げる」「スタンプを交換する」などは，どれも不適切な特定の感情表現に基づいています。

　バーンは感情に関して一歩引きながらも，「子ども©」に対しては興味と尊敬を示していました。バーンはストローク，交流，交流分析という概念をつくり出すことによって，もしかすると，本人も知らないうちに感情を学ぶ道を切り開いてくれたのかもしれません。

　人々は，セラピストでさえも，感情を考慮に入れなければなりません。なかには，人間が演じる舞台から感情を排除したいという人もいるでしょう。当時のエリック・バーンもそう思っていた一人だったと思いますし，セラピストになりたての頃の私もそうでした。

　一方では，感情が人生やセラピーの過程に不可欠と考え，感情をセラピーに盛り込もうとする人たちもいました。私は幸運にも，プライベートな面で女性解放運動の偉大で感情的な力の影響を受けたおかげで，よいセラピーを行うには，感情を本格的に取り入れることが契約や問題を解決する「成人Ⓐ」と同じくらい重要であることに気づきました。

　私が提供する感情表現能力トレーニングは，人々の心の底の魂まで癒し，よい人生を歩むために心を開いた状態で感情を取り込んで（open-hearted incorporation of emotions）もらえるようにするものです。

　感情表現能力をもつということは，感情とは何であり，それがどのぐらいの強さであるか，また，それがどうして自分や他者のなかに生まれるのかを知ることです。いつ，どこで，どうやってそれを表現し，どのようにコントロールするかを学び，それらのことを通して，感情がどのように人々に影響を与えるのかを理解し，その影響に対していかに責任をとるということです。

　私たちは感情表現能力によって，感情の質感，香りや後味を，良くも悪くも見分けることのできる，洗練され熟知した目利きとなります。そして冷静な判断をする「成人Ⓐ」のスキルが感情的なスキルと協力し合うことによって，人生で望む変化をつくり出す許可を自分の人生に与えます。

　感情は生存に必要不可欠なものであり，行動が必要な時に起こる本能的反応

です。アントニオ・ダマシオ（1999）は，人は感情がなければ，複数のなかから選択することができないと説き，感情の必要性を自身の研究で明らかにしました。しかし，自分がどのような感情を経験し，それがどのぐらいの強さで，何によって引き起こされたかを認識する人はほとんどいないのです。

　こうした認識，特に愛という感情の認識は共感，感情移入や相互作用のスキルを発展させていくために必要不可欠です。そしてこれこそが感情表現能力のもっとも高い学習目標なのです。

　エリック・バーンは，一つひとつの交流における感情を詳しく検査する手法を生み出しました。肯定的と否定的ストロークのコンセプトを用い，愛と憎しみという二つのもっとも基本的な感情を行動における単位としました。バーンは人間の交流を分析する方法を提供することで，感情の起源とコミュニケーションの体系的な調査を可能にしたのです。

感情表現能力軽視の歴史

　感情は長い間心理学において論争の的となってきました。科学的心理学の黎明期には，内省が人間の経験を理解する道と考えられていました。このアプローチは，観察者による偏りや自己欺瞞の存在，不十分なサンプルサイズ，そして二重盲検法が不可能であるという科学的不備により，内省は科学的な対象から除外され，実験心理学というはるかに系統的なアプローチに変わりました。

　感情というテーマは心理学者から避けられていたものの，姿を消したわけではなく，その後も，特に心理療法において変わらぬ関心を集めてきました。しかし，その感情自体を却下する，専門的で科学的な考えが広まりました。感情とは好ましくないもの，すなわち，厄介払いされる迷惑な客のような存在であり，楽しみを破壊する文明の阻害者，科学技術の敵，そして合理性や論理学の妨害者と考えられるようになりました。

　その上，感情は女・子どもや有色人種のごとく不運で，プロ根性を意気消沈させ，混迷を引き起こす，不穏で制御の効かないものとされてきました。バーンも感情に対するこのような嫌悪感を共有していました。彼は私たちに「子どもⒸ」を好きになり賞賛するように教えていましたが，同時に人間の感情を疑

い，軽視する姿勢を維持していました。

　上からの目線で感情をとらえることは，男性中心主義のエリート思考の専門性とぴたりと適合しました。それは「深層」心理療法（1対1，精神分析）が「本物」の患者（治療代を支払う能力のある神経症患者）に対する実践であり，この対極に，非現実的なセラピスト（ソーシャル・ワーカー，心理学者，看護師，聖職者）による，非現実的な患者（統合失調症患者，貧困者，感情を制御できない人）に対する「表面的な」治療（グループセラピー，心理劇，支持的短期療法）があるとされていました。

　深層心理療法が適合しない後者の「非現実的」な患者においては，感情という課題を無視することができませんでした。そこで，勇敢で熱心なセラピストたちが，上記の「マイナー」療法を用いて，非現実的と言われていた少数派の患者層に取り組みました。そして彼らは実際の人生に存在する，複雑で不安に満ちた感情的課題に直面することになりました。こうして，感情に再び関心が向けられるようになりました。このような勇敢な取り組みにおいては，過ちも，心理ゲームもあったことでしょう。おそらく，他人を操作する目的で感情を使うクライエントに対してセラピストが救援者となり，必然的に迫害者となる結末を迎えたことでしょう。

私はあなたの心に感情を生み出すことができないし，あなたは私の心に感情を生み出すことができない！

　ヒューマン・ポテンシャル・ムーブメント〔訳注：60年代に心理学分野を中心に発展した人間性回復運動〕は，多彩で有益な情報とテクニックを与えてくれたのですが，そのなかでもっとも有害だったのは，人は他者の感情を生み出すことができないという思考でした。1970年代から80年代にかけて支配権を得たこの思考の起源は，おそらくフリッツ・パールズ（Perls, 1969）と彼の「ゲシュタルトの祈り」から生まれたものと考えられ，やがて運動の中核をなす規範の一つとなります。

　　私は私の道を歩み，あなたはあなたの道を行く。
　　私はあなたのために生きているのではなく，

あなたも私のために生きているのではない。
あなたはあなた，私は私。
もし，互いに出会うことができたら，すばらしいこと
だが出会えなくても，それはいたしかたないこと。

（Perls，ゲシュタルトの祈り，p.4）

　パールズの本来の目的は，互いの過度な責任感や罪悪感による重荷を拒否するためにこれをつくったものと思います。それはつまり，身のすくむほど自立がない，感情的共生関係を指しています。言い換えれば，一般的には共依存と呼ばれる関係，そして交流分析では救援者と言われている課題への取り組みです。この目的のための格言として，大変価値あるものと思います。

　しかし，パールズの格言は，私たちが相手の感情に影響を与えているという概念に対抗する議論として使われるようになり，結果として，人々の感情的な無責任さへの呼びかけに格言の目的が卑俗化されていきました。

　パールズの祈りの対極にある私自身の祈りをつくってみました。

　もし私が私の道を歩み，あなたがあなたの道を行き，
　互いの期待に応える人生を送っていないとしたら
　私たちは生きていても，世界は存続しないでしょう。
　あなたはあなたであり，私は私であり，そして共に
　偶然によらずに手に手をつなげば，お互いの美しさに気づくでしょう。
　そうしなければ，私たちに救いはないのです。

　多くの人は，人は他人の感情を生み出すことができないという信念を，偉大で賢く解放感を伴う発見と見なしています。しかし私は，それは感情**表現能力**からもっとも遠いところに位置するものと考えています。

　感じる力をもっている人間にとって，私たちが実際に互いのなかに感情を生み出すことができるということは明らかです。感情表現に価値を置かないこのような言葉を，中年の異性愛者である白人のビジネスマンたちが情熱的に擁護していたことも驚くことではありません。彼らは，自分たちの生活の貧弱な感情的側面について，女性解放運動で力を得た女性たちから盾突かれていたこと

でしょう。

　ある時，このテーマについて講義をしていると，ちょうど上記の範疇に入るような紳士が立ち上がって私をさえぎりました。

　「私はまったく賛成できない」と激しく声を上げ，「私はあなたから何も感じることはできません」と大声で言いました。

　私は議論を誘導するために，彼をじっと見つめ，怒るふりをしながら，「バカなことを言うんじゃない。前代未聞だ。座りなさい！」と言いました。

　彼はショックを受け真っ赤になって着席しました。私は荒々しい「批判的な親ⒸⓅ」から「成人Ⓐ」へと自分の自我状態を切り替え，「あなたに質問してもいいですか？」と語りかけました。

　「どうぞ」と彼。

　「今，あなたは何を感じていますか？」

　「何も」と彼は答えます。一瞬戸惑った私は，たっぷり皮肉を込めて言いました。「あなたが正しいようですね。私はあなたに何の感情も抱かせることができません」。

　そして，他の聴衆に向かい「皆さんの感想はいかがですか？」とたずねました。多くの手が上がり，私に対して怒りを感じた，困惑した，怖かった等々と口々に答えてくれました。言ったことに間違いはありませんでした。しかし私は，パワープレイをしてはいけない，また，「批判的な親ⒸⓅ」のない交流をすべし，という原則を守らなかった自分に満足してはいませんでした。

　私ははじめに発言された参加者への対応がまずかったことで罪悪感を抱き，彼を傷つけたのではないかと申しわけなく思いました。それで謝ろうとしたのですが，彼は自分は傷ついてもいなければいやな思いもしていない，と謝罪をどうしても受け入れず，がんばり通しました。

　こうしたやりとりは，私のあらゆるプレゼンテーションやワークショップでいつも見られる出来事になっていました。その上近頃は，「人に感情を生み出すことはできない」という信念がもう流行ではなくなったことに気づきました。

　私も，このように野蛮な技法を用いて自分の主張を通そうとすることとは，それ以後，縁を切りました。私は今でもその時のことを後悔しています。私はこの概念を伝えるための例として，本書でこのエピソードを紹介することすら

気まずく感じます。

　皮肉にもこれは「グリーンハウス」ゲームを誇張させた例ともとれますが，私はこれを感情表現能力と呼びます。つまり，人々は他人に恐れ，怒り，恥，その他さまざまな否定的感情を生み出すことが**可能**だということです。そして，もし私たちが他人に感情を生み出すことができるなら，自分が周りに生み出す感情について責任をもたなければなりません。言うまでもなく，人は他人によい，嬉しい，愛情深い，誇らしい，希望に満ちた感情を抱かせることができますし，それは自分自身の誇りとなることです。

　私たちは言うまでもなく，他人が私たちのなかに望ましくない感情をつくり出すのを許すのか否か，またそのような感情をもち続けるか否かを選択することができます。

　もし誰かが私たちの感情を動揺させるような振る舞いで攻撃してくるなら，それをやめさせる対策をとらねばなりません。否定的な感情が持続するようであれば，それを克服したくなるでしょう。しかし，いつも克服できるとは限りません。けれども，そうであってもそれは必ずしも失敗の兆候ではありません。それは攻撃の悪質さと攻撃者の力に左右されると同じくらい，私自身の力と決心に左右されます。

　私たちは自分自身に関する重要な情報を得るために，その感情をもち続け，それを分離し分析する必要があるかもしれません。そのなかには忘れたくない寂しさや怒りの感情もあり，よく考えずに，また，ひどく抑圧的な状況にあるのを無視して，そうした感情を乗り越えるならば，私たちの精神の害となりうることを忘れてはなりません。

　ラジカル精神医学[訳注2]が盛んであった時代，ブラックパンサー（黒豹党員)[訳注3]は，彼らの怒りは病的だと非難されていましたが，私たちは彼らを守るために「腹を立てない黒人こそ治療が必要だ」と言うことにしていました。

[訳注2]ラジカル（根治的）精神医学：ラジカルは過激や根治的を意味するが，宣言文では根治的の意味を指している。この治療法は60年代のベトナム戦争反対運動を背景に精神医学の語源　精神や魂（psyche）＋治療や癒し（iatreia）に戻ることを目ざした。
[訳注3]60年代後半から70年代にかけてのアメリカ有色人種の解放運動。

「それはあなたの思い込みにすぎない」

　感情の相互関連に関するもう一つの概念は，被害妄想です。人生の感情面において，私たちは直感的に他人の否定的な感情を自分のなかに察知する傾向があります。相手がもつこのような否定的な感情は普段は本人に認識されておらず，もし指摘されたとしても，否定するのが一般的です。

　たとえば，人はしばしば，周りの人の思いと動機に不審と恐れをもち，時にはそれが非現実的な被害妄想に至ることもあります。そのため，ある精神科医のサークルでは，被害妄想を「投影」のせいにするのが標準的なやり方でした。

　たとえば，デーヴィドが同じ家に住んで部屋を別にしているマリアに自分は嫌われていると思い，マリアがそれを否定した場合，従来の精神医学ではマリアを嫌っているのはデーヴィド自身であると想定します。それは，彼が自分の怒りの感情に直面できないため自分の憎悪を彼女に「投影している」と考えるのです。ここで勧められた治療法はこの妄想の一つひとつが間違いであることを明らかにすることでした。

　しかし，私の経験では，被害妄想はこのアプローチで減るどころか増えたのです。私が仕事で見てきた限り，真珠が一粒の砂の周りにつくられるように，被害妄想は直観的なひとかけらの真実の周りに形成されます。

　それゆえ，私は「被害妄想とは意識が高揚した状態」という言い方をしました。つまり妄想のなかに「ひとかけらの真実」を確認できれば，たいていの場合は妄想を手放すことができるのです。デーヴィドの事例においては，マリアが彼を嫌っているということを確認できる，具体的な事柄——ひとかけらの真実——をマリアから探すことになります。

　マリアはくり返し自分がデーヴィドを嫌っていることを否定します。しかし，もしマリアが，皿洗いやトイレ掃除をする際のデーヴィドのいいかげんさに，イライラし不愉快だったことを認めるならば，彼は彼女が自分を嫌っているという考えを捨てることができます。

　彼が思っていたことは妄想であったことに気づき，実際に彼が感じ，直感でとらえた彼女のいらだちは思ったより小さいものであったことに気づきます。デーヴィドは，直感的にマリアの隠れた否定的感情をとらえたにすぎず，マリ

アがこれを否定したために最初の有効な直感的疑念が誇張されてしまったわけです。

このような状況ではたいていの場合,「批判的な親ⒸⓅ」が関与し,否定的なメッセージを語って,疑惑の炎を煽ります。デーヴィドが,マリアが自分に対して怒っていると感じた途端,「批判的な親ⒸⓅ」は否定される心配もなく付け加えます。「そのとおり,彼女は君に腹を立てている。君は救いようがないほど嫌われていて,彼女はもうそれを口にすることもできないほどだ。君の存在は耐えられないほど不愉快で,彼女は君を受け入れることができないんだ」。

しかし彼女が,少しでも彼のことを腹立たしく思ったことを認め,その理由を示すならば,彼の「子どもⒸ」による被害妄想はなくなり,「成人Ⓐ」の理解でそれを代替し,「批判的な親ⒸⓅ」を無視できるようになります。

この検証方法は,スコットランドの心理学者ロナルド・レイングの著書にヒントを得たものです(1971)。私たちが人の経験やその人の見方を認めなかったり否定したりすると,心を病む人をつくり出すと,彼はいいます。レイングによれば,たとえ精神的に100パーセント健康である人でも,その直感がくり返し徹底的に否定されると,自分は気がおかしいのではないかと感じるようになります。

別の例をあげましょう。マーガレットの夫,クリスは近所に住むある女性に惹かれています。マーガレットは,少し気になることがしばしばくり返し起こることから,彼が誰かに夢中になっていることに気づきます。もし,彼女がクリスへの疑いを本人に面と向かってぶつけ,クリスがそれをくり返し否定しつつも怪しい振る舞いを続けると,彼女には不安が残り,それに「批判的な親ⒸⓅ」に口うるさくされると,ついには被害妄想を引き起こしかねません。場合によっては,彼が浮気をしているという確信的妄想にまで発展するかもしれません。

もしクリスが自分が誰かに夢中になっていることを認めれば,マーガレットは怒りや悲しみをもつかもしれませんが,それ以上,疑心暗鬼(妄想)になることはなくなります。彼女にとってはその方がはるかに望ましい状況です。

このように,直感的に,または勘が働いて被害妄想になった人へどのようにアプローチするかというとき,彼らを不合理と決めつけず,そこに何らかの真実を見出そうとしたのが,1970年代のラジカル精神医学を行っていた心理学グ

ループでした。

　いかに小さいものであっても，そこに何らかの真実を見つけることによって，私たちは人間関係を疑心暗鬼や被害妄想や否定から解放し，交流，フィードバックそして正直さに基づく関係に戻しました。

　人の直感や勘の有効性を確認することは，同時に共感能力を高めるトレーニングでもあり，それが感情表現能力をもつ人間の関係に欠かせないことを，おわかりいただけると思います。

　この被害妄想が正当であると確認するアプローチが，感情表現能力の基本であり，私たちは人々が自分の勘，直感，認識，さらに被害妄想的空想の表現さえ肯定し，そこに存在する真実がたとえわずかでも，それを確かなものとして受け取ろうとしました。

　この被害妄想観と，人が他人の心に感情を生み出すことができるという概念とはどのように関連するでしょうか？　感情の交流と直感的な認識は，人のつながりにおけるもっとも基本的な側面です。共感と直感は相互に関連しています。どちらも人間の生まれながらの能力であり，脳内でミラーニューロンによって仲介されていることはほぼ間違いないと言われています（Rizzolatti & Craighero, 2004；Ramachandran, 2006）。

　このような先天的なつながりを蝕んだり妨げたりすると，人と人との間に隔たりが生じます。これは「批判的な親Ⓒ℗」にとっては，権威主義的支配を守り，自由でオープンなコミュニケーションという危険から自己を守る方法の一つとなります。

　①「あなたは私の心に感情を生み出すことができないし私もあなたに感情を生み出すことができない」と②「それはあなたの思い込み（被害妄想）にすぎない」は，感情表現能力が欠如した二つの例ですが，こうした事例に着目し感情表現能力を追求しなければなりません。

　第3章では感情表現能力トレーニングの第Ⅰ部として「心を開く」ことについて概説しましたが，「感情風景の調査」（後述）では直感と共感のトレーニングについて述べます。

感情風景の調査

　私たちの感情は，自分のなかに実在する風景であるにもかかわらず，しばしば自分にとって未知で馴染みがない分野です。それに慣れて心地よさを感じるようにするため，私は感情的な風景を組織的に探索できる，刺激と反応で構成される二つの具体的な交流の型を設計しました。すなわち，「行動と感情の交流」と「交流の検証」です。

　まずは，行動と感情の交流です。ここでは感情表現能力を欠く発言「私はあなたの心に感情を生み出すことができない」に，正面から反対する発言をします。たとえば「先ほどあなたが私を邪魔した時（行動），私は怒りを（感情）感じた」のように，Aさんが Bさんに，「あなたが（ある行動）をした時，私は（ある感情）を感じた」という発言をします。

　このような発言に対して必要とされる感情表現能力による対応は，Bさんの特定の行動によって Aさんに引き起こされた特定の感情を認めることにあります。たとえば，「あなたがさえぎった時（行動），私は頭にきた（感情）のがわかりました」と言うのです。

　二つ目は，確認のための交流の検証です。自分が想像や妄想や勘ぐりをしていると気づいた時，検証と確認をしていきます。検証確認では，例えばAさんが Bさんに「自分には，○○という印象（また想像や勘ぐり）があります」と言ったとします。すると，それに対して Bさんが，その印象が事実に基づいていること，または一握りの真実に基づいて引き起こされたかもしれないということを実証する発言をします。例を挙げます。

ディック：「君が僕のことをもう愛していないんじゃないかと心配しているんだ」

　そしてジェーンからの返事はこうなります。

ジェーン：「そうね，あなたにはちょっとがっかりさせられて，悲しかったり怒ったりしたわ。でもとても愛しているわ」

　もしくは，

ジェーン：「あなたの言うとおりなの，あなたへの愛情が冷めてしまったの」

上記どちらの返事であろうとも，最終的には，状況がわからないことで不安を抱き続けるよりはましと考えられます。

　これら二つの具体的な交流の型が「感情的な風景の認知調査」を構成し，本書の第Ⅰ部の「心を開く」と第Ⅲ部の「責任をとる」とあわせて感情表現能力トレーニングの要素になります。

感情表現能力トレーニングと交流分析

　感情表現能力トレーニングは，今までの交流分析の概念と技法の次の段階として，私たちの人生の感情面を理解しマスターするためにあります。感情表現能力は私たち個人にさらなる力を与えます。そしてそれは私たちをよりよい親，パートナー，同僚，教師，聖職者，経営者，雇用者，商人，科学者，活動家，政治家にしていきます。

　感情表現能力の基本的前提は次のとおりです。

　①健康な人間は感情的に迅速な反応ができ，自分のなかに引き起こされた感情に責任をもつことも，自分が相手に引き起こした感情に責任をもつこともできます。
　②効果的なコミュニケーションを行うには，感情に関する情報を自由に交換する必要があります。そうしないと，その交流に関する情報を十分に得ることができません。
　③効果的なコミュニケーションは，人間の生産性と個人の力に必要不可欠なものです。

　私はこれらの原則を確立し，交流分析の応用として感情表現能力トレーニングを開発しました。

　それでは交流分析をどのように感情表現能力の教育に応用するとよいのでしょう。感情表現能力トレーニングプログラムは，感情を理解し表現できる交流を教えること（教育）と学ぶこと（学習）により構成されます。

　練習に用いる交流は複雑さと難しさの度合いが増していきます。この実習では，どんな場合でも，交流をしてよいかどうかの許可をもらう依頼から始めま

す。交流を実践していくなかで個人の感情表現能力が豊かになっていきます。

　このプロセスについては第11章で説明します。また私の著書,『感情指数(*Emotional Literacy: Intelligence with a Heart*)』でもこのプロセスを詳しく説明していますが, ここでその概要をご紹介しましょう。

【感情表現能力を有する交流】

　4種類の感情表現能力を有する交流があり, ①から④に向けて難しさの度合いが増していきます。

　　①許可を得る（地ならし）
　　②ストロークを与え, 受け取る（心を開く）
　　③情報（行動, 感情, 動機）
　　　a）行動／感情の発言（行動に伴う感情）
　　　b）恐れと疑い（直感の検証）
　　④責任（謝罪と償い）

【感情表現能力トレーニングワークショップ】

　基本的な感情表現能力のスキルは, 2, 3日間のグループレッスン（理想的には16名のグループ。多くても24名）で学ぶことができます。配付資料を利用し, 上述の4ステップを詳しく説明します。これにより受講者は感情表現能力をもつプロセスを理解すると同時に経験し, その後家族や職場の日常で活用することができるようになります。

　慎重に守られた安全な社会環境において, 感情についての課題を段階的に導入しながら練習していくことで, 感情表現能力のスキルを体得することができます。もちろん, このスキルを完全に自分のものとするためには「実社会」でさらなる練習が必要です。

　こうしたさまざまな感情表現能力を有する交流を段階的に行いますが, その都度難易度が上がっていきます。最初の交流（感情的に交流する許可）だけは「必須」です。その他は, その時の状況に応じて変わります。

　感情表現能力トレーニングにおいては常に次の三つの要素が必要です。

　　①安全で協力的な環境。協力に同意するという契約と有能なトレーナーの

存在により可能となる。

②一連の感情表現能力交流のトレーニング。

③感情表現能力に興味をもち学習意欲のある2名以上の受講生で構成されるグループ。

　これらの三つの要素は情報を適切に組み合わせ，大脳辺縁系の反応を促し，感情表現能力を学ぶために必要です。三つのうち二つだけでは不十分です。交流を行うにあたり受講生は，安心感を得られて自分たちの感情を正直かつ自由に話し合うことのできる環境がなければ満足しないでしょう。

　一方，安全な環境とやる気のある受講生がいても，感情表現能力を有する交流テクニックを指導されなければ，系統的または確実な方法で感情を学ぶことができません。また，どんな状況であれ，感情表現能力に熱心に取り組もうとする受講生がいなければお話になりません。

　感情表現能力のスキルは，ワークショップ，セラピーグループ，1対1のカウンセリングやコーチングなど，さまざまな共同作業のなかで学習することができます。バーンが開発した交流分析ツールはこのプロセスにとって理想的なものであり，このツールなくして感情表現能力スキルを教えたり学んだりすることはきわめて難しくなるでしょう。

　職場や学校や路上など「実社会」における感情表現能力の応用については，さらなる探究と書物が必要です。読者のみなさんご自身が，こうした特別な状況におけるテクニックを開発し，その経験について書いていただければと思います。

第7章

ストロークを中心とした交流分析

　エリック・バーンがその著『人生ゲーム入門——人間関係の心理学』（前出）を完成させたのは，交流分析理論が精神分析的思考から区別される独自の歩みを確立してから，すでに10年が過ぎた時でした。人生ゲームを紹介するにあたって，バーンは彼の独特な言い回しでストロークの概念を述べました。「ストロークをもらえないと，脊髄が縮むでしょう」（p.14：原書。以下同）と。

　けれども，もっと科学的に「感情的また感覚的な接触の欠乏ないしは無視によって，生物学的な連鎖が引き起こされ，その影響は退行性の変化や死に至る可能性があります」（p.14）とも述べています。さらに，「刺激の飢えとは，生物としての人間にとって，食物の飢えと同じです」（p.14）とも。

　このようにバーンは，ストロークが人間の行動の根本的な動機であることを明らかにしています。その後，彼は「人間をもっとも満足させる人と人の社会的接触はゲームや親密さにある」と言っています。そのなかで「親密さは，長期に続くことがまれであるため，大事な社会的ふれ合いのほとんどは，ゲームとして実行される」（p.19）と述べるのですが，他の個所では次のようにも語っています。

> 幼児期を超えると，人の運命と生存は好ましくない二者択一の状態で右往左往させられます。一方には幼児期にあるような物理的な親密さの継続を妨げる社会的，心理的，そして生物学的な力があり，もう一方にはそれを求め，得ようとして絶え間なく突き動かされる動機があります。(p.14)

　以下にストロークを中心とした，交流分析理論の全体像を示します。ここに理論の基本となる概念のすべてが集約されています。各主要概念を理論上の前

提として太字表記し，説明を加えます。これら18の前提が，ストロークを中心とした交流分析の理論的な基本をなします。

　以下の高度に濃縮された理論は，理論を追求する学者のためのものです。18の前提は以降で，理論的要素を減らした体系的な形でくり返し説明されるので，この部分は飛ばしていただいてもかまいません。

基本前提

交流分析の目的と機能

【前提1】　交流分析の実践者は，「契約」を通じて人々の人生の改善を目指し，交流の分析を行います。

　交流分析（TA）は精神力動的な要素を含んだ複雑な社会理論です。しかし実践ということになると，TAは社会的な交流の客観的分析に焦点を当てています。一口で言うと，交流の分析です。交流分析を実行する人の役割は，情報を基盤とした契約によって決められます。契約はクライエントの希望によって始められ，クライエントの利益を守るために結ばれます。また契約は，クライエントと交流分析を実行する人の同意のもとに結ばれます。

【前提2】　個人の交流の詳細な分析から得られる情報は，交流分析実践者の基盤となる情報源です。この情報をもとにして，交流分析実践者はクライエントの人格構造，行動，経験を理解するよう努めます。

　交流分析はグループのために設計されており，グループで実践されるのが理想です。交流分析実践者は目に見える，または検証可能な社会的交流に焦点を当てています。この分析は，契約の遂行が実を結ぶための必要で豊かな情報源です。

【前提3】　変化を実現することが契約で同意した達成目的ですが，そのために必要なことは，人々の交流をその目的にそって修正することです。

　交流における行為の変化は，人格構造，行動，そして経験にも直接の影響を及ぼします。契約で同意した変化は主に二重の要因によって達成されます。一つはクライエントの社会的行動の分析であり，もう一つはその社会的行動に変

化をもたらすように設計された介入を，巧みに適応することにあります。

　この視点は，精神力動的見解とは著しく異なります。過去の1対1の会話から個人の考察と変化が生まれるという視点とは，驚くほどの対照を示しています。

交流とストローク

【前提4】　交流は，交流分析の基本単位であり，刺激と反応より成ります。交流とは，二人の個人の異なる二つの自我状態（以下にその定義を定めます）による情報交換です。

　自我状態は，個人のなかの独立した単位または人格のまとまりです。バーンは，「親Ⓟ」（Parent），「成人Ⓐ」（Adult），「子どもⒸ」（Child）という3種類の自我状態の存在を認めました（以下にその定義を定めます）。

【前提5】　ストロークとは，ある人が，情報の受け手となる他者に対して，肯定的あるいは否定的な評価を含む情報を認識し，発信する特殊な交流です。

　一つひとつのストロークは一つの交流ですが，この交流で単なる認識以上の多くの情報（価値，感情やデータ）を伝えることができます。ストロークという交流に含まれる情報は，単に，肯定的または否定的な認識を述べるものです。

　ストロークは，受け手の主観的な体験に基づいて，肯定的ストロークと否定的ストロークに分類されます。前者は心地よく，有益なストロークです。後者は苦痛をもたらし，有害になる可能性があります。ストロークの規模は小さなものから大きなものまでさまざまです。また，ストロークは受け手にとって，発信者が誰であるかによっても価値がさまざまに変わります。

　広い領域にわたる最近の研究では，子どもにとってストロークは生存のため，大人にとっては精神的に持ちこたえ，健康に生きるために必要なものであることが示されました。ストロークが身体と精神の両者が生きつづけるのに必要不可欠なものであるため，ストロークを求める行動は人生における一つの強い動機づけとなります。

【前提6】　ストローク経済の法則とは，自分が欲するストロークを，求めな

い，与えない，受け取らない，とすることで肯定的ストロークの交換を妨げる一連の法則を言います。ストローク不足はさらなるストロークの飢餓をもたらし，その結果，どんなストロークでもともかくストロークがありさえすればよいということで，否定的なストロークの消費が増えていきます。

　ストロークへの渇望は，否定的なストロークで満たすことができます。否定的なストロークは認識や接触に対する欲求を鎮めることができ，生存を保証します。

　ストローク経済の法則が機能する状況のもとでは，肯定的ストロークが不足し，人々は仕方なく否定的ストロークを受け入れるようになります。十分なストロークを生み出せないとストローク飢餓が生じ，行動的，認識的そして生物学的な影響を与える結果になります。

　通常，肯定的なストロークは省略されて，単にストロークと呼ばれます。

力（パワー）：その利用と乱用

【前提7】 力（パワー）とは，抵抗に対する変化をつくり出す能力と，望まない変化に抵抗する能力を言います。

　私たちは生まれつき，自分の交流と環境を増幅したり減少したりする潜在能力をもっています。交流分析家の主な仕事は，人が自分自身の交流を理解し修正を加え，自分に必要なもの――特にストローク――を得るために，なくてはならない自己の力を認識し発展するよう手助けすることです。

　自己の力とは望ましい属性で，①目的達成に対する内部的また外部的抵抗を克服するもの，②望ましくない変化に対抗するもの，です。

　自己の力は，交流行為により示されます。もっとも効率的に自己の力を得る方法は効果的に協力することにあります。

【前提8】 人々が自分の欲求を満たそうとする時，力を自他の利益になるように使うこともできれば，他人のことは考えず，己のためのみに悪用することもできます。

　パワープレイと呼ばれる力を背景にした行動は，他人を支配するための交流です。協力はパワープレイがなく，心を開いた交渉を基盤とします。
パワープレイは次のように定義されます。

次のことを達成するための，意識的または習慣的，あるいは無意識に行われる交流です。

　a）相手が自らは望まないことを無理にやらせる。

　b）相手がやりたいと思うことをやらせない。

　人はみな，さまざまな欲求をもっていて，それを満たそうとするなかで協力と競争のどちらかを選ぶことができます。競争的で敵対的な交流は，自分の欲求を満たすために他人に対してパワープレイを行ってもよいという前提に基づいています。

　一方，協力の基本的な前提は，誰もが同等の権利をもち，いかなる場合も他人に何かを強要してはならないということにあります。人は心を開いた話し合いのなかで双方の合意により自らの欲求を満たさなければなりません。対人的な交流を分析することにより，協力と競争を区別しやすくなります。

【前提9】　互いを認識し，愛し合う能力は，おそらく，哺乳類脳である大脳辺縁系の進化によってもたらされたものです。

　協力，感情表現能力，そして自由と平等の概念は大脳辺縁系が進化した結果による人間関係の表れで，交流分析は人間の生を向上させる目的で，これらの発展を分析し洗練させる理想的な方法です。

　大脳辺縁系とそのミラーニューロンは，養育，共感，信頼，協力，感情認識に必要な大脳辺縁系共鳴をつくり出します。ゲームとパワープレイは大脳辺縁系共鳴を邪魔するものですが，交流の分析と修正により排除することができます。

【前提10】　ストロークによる行動と力による行動，この2種類の交流が問題を解決する源となります。

　人が満足を得るために力を求める方法には有益なものもあれば，危険で有害なものもあります。自分の要求を満たそうとする思いのなかで，力は乱用されることもあれば，自分と他人のためになるように活用されることもあります。同様に，承認を得るために用いる戦略であるストロークも有害にも有益にもなりえます。ストロークと力を求める行動パターンを変化させることが，自然治

癒力への道を開く基本的な手段となります。

ゲームと脚本

【前提11】 ゲームと脚本は，幼い時の「批判的な親 ⓒⓟ」による拘束や要求に対する順応であり，幼児期に関わるさまざまな重要な人に対して行われます。

　脚本とは，人生の計画であり，それらは幼児期に取得し，時に意識的に定めたものです。ゲームは短期的な策略で，ストロークを得ることを目的としています。一方脚本は長期的な戦略で，力（パワー）と意味を得ることを目的としています。脚本の維持は日々のゲームに依存しているので，脚本とゲームは表裏一体の関係にあります。

　ゲームは，はじめ，中間，終わり，そして最終的な結末をくり返す一連の相互作用です。ゲームの結末は収益であり，ゲームを実行しているプレイヤーは生物的また存在的な利益を手に入れます。

　ゲームの実存的な強みは脚本を強化することにあります。ゲームが行われる時はいつも，ストロークを得ることに加えて，人生脚本の構えが正当化されます。

　ゲームの生物学的な収益または見返りは，ストロークが得られることです。ゲームはストロークを取得するためのパワープレイなのですが，その目的に対して役に立たない，習慣化した行動であり，人はふつうそれを幼児期に家庭で学びます。

　脚本にその意味と重要性を与え，その存在を維持するものは，ゲームという日々の交流です。短いサイクルの日々のゲームなくして，脚本の長期的な戦略は実現できません。ゲームを行う人には，それぞれが好む慣れ親しんだゲームと，それに伴う感情的な結末があります。

　心理的ゲームと人生脚本は，「批判的な親 ⓒⓟ」がつくり出した，肯定的ストロークの持続的不足という病的状態です。ストロークが得られなかったり不足したりする時にストロークを獲得することこそ，自滅的で虐待的ゲームをもたらす主たる原因なのです。

【前提12】 ゲームには多くの種類があり（Berne, 1964），人々はそれらの

ゲームで決まった役割を果たします。いずれのゲームにも，迫害者，救援者，犠牲者という三つの役割があり，あらゆるゲームにおいて，人はみな否応なくこの三つの役を交換して果たすことになります。

　ストロークとパワーを得るための日々の努力のなかで，人はくり返し，これら三つの自滅的な役割を果たしていきます。これらの役割を回避することも，その役割が埋め込まれた人生脚本をなくすこともできます。そのためにはストロークをゲームがない状態で，直接受け取ることを学ぶ必要があります。脚本とそれに伴うゲームをやめるもっとも直接的な方法は，肯定的なストロークを与えたり受け取ったりすることによって，ゲームの動機となるストローク飢餓を回避することです。

自我状態

　【前提13】　三つの自我状態は，進化により発展した専門的神経ネットワークを視覚化したものであり，それぞれは，互いに異なるものとしてはっきり区別され，終始一貫した内容をもっています。三つの自我状態は，異なった種類の情報を処理するために特化した重要な機能をそれぞれもっています。

　大まかに言うと，「成人Ⓐ」は出来事を予想し管理（調整）することの専門家，「子どもⒸ」は感情的な動機をもち続けることの専門家，そして「親Ⓟ」は価値観を維持し応用することの専門家です。

　また，バーンは，親を「批判的な親ⒸⓅ」と「養育的な親ⓃⓅ」に，「子どもⒸ」を「従順な子どもⒶⒸ」と「自然な子どもⓃⒸ」に分類しました。私は，ストロークを中心としたワークにおいて，もっとも簡単に観察可能で使用しやすい４つの自我状態として，「養育的な親ⓃⓅ」，「批判的な親ⒸⓅ」，「成人Ⓐ」，そして一つにまとめた「子どもⒸ」を選びました。

　これら４つの自我状態の存在を裏づける実証研究はまだありませんが，これらは他のものと容易に区別され，また識別しやすいので，交流分析の実践においてきわめて有効です。さらに，人の行動の理解と変更のために，比喩的に人格を分け応用することを受け入れると，人格の認識と構造にも変化が起こり，それによって自我状態がリアルになっていきます。

　一つひとつの自我状態は，進化とミーム（まねる行為）による成果を現しています。そしてもっとも効果的な人生体験は，「批判的な親ⒸⓅ」を除いた，

各々の自我状態が個別に機能し，それらが相互に連動し合うなかで起きます。

　いわゆる「成人Ⓐ」は，理性的で問題を解決する自我状態を言います。知性や論理を混乱させやすい強い感情はありません。三つの自我状態のなかでも，脳の特定の部位，すなわち模倣，言語，抽象的思考を司る大脳新皮質ともっとも関連があると考えられます。

　「子どもⒸ」は感情的な自我状態です。その感情とは1次的感情（動物に共通な感情）で，たとえば，怒り，寂しさ，恐れ，恥などという感情とその組み合わせです。一方で，愛，喜び，希望といった感情もみな，「子どもⒸ」に端を発しています。「子どもⒸ」は，他人が何を感じているかを感じ取る共感の源でもあります。

　「親Ⓟ」は評価し，伝統を重んじ，偏見をもち，取り締まりをする自我状態です。「親Ⓟ」は，同じように偏見をもつ二つの状態のうちどちらか一つを表します。すなわち，「批判的な親ⒸⓅ」（OK な存在に反対する偏見）と「養育的な親ⓃⓅ」（OK な存在を支持する偏見）です。「批判的な親ⒸⓅ」は制御することの専門家，養育的な親は支え力づける専門家です。どちらも交流分析の技法で増加させたり減少させたりすることができます。

　ストロークを中心とする交流分析を効果的に応用するには，「批判的な親ⒸⓅ」と「養育的な親ⓃⓅ」の区別が欠かせません。「子どもⒸ」を管理するため，「批判的な親ⒸⓅ」は，相手である個人が OK ではない，すなわち，悪い，バカだ，おかしい，醜い，病気である，絶望的である，ひいては愛を受けるに値しないと判断します。

　「批判的な親ⒸⓅ」は人を抑制することがその役目です。それは「魔女」，「鬼」，「電極に組み込まれた」〔訳注：エリック・バーンがよく用いていた比喩〕，「内的的抑圧」などいろいろな名前で呼ばれています。

　同じように偏見をもつとは言え，「養育的な親」はまったくその逆で，相手がOK である，すなわち，賢い，よい，良識がある，美しい，健康である，そして自由や評価や愛を受けるに値し，成功することができる能力をもつと判断します。

　自我状態は本来の純粋な形で現れることはまれで，通常は他の自我状態に汚染されていたり〔訳注：汚染とは TA 用語であり，自我状態が他の自我状態に浸入することを指す〕，お互いに影響を受けたりしています。

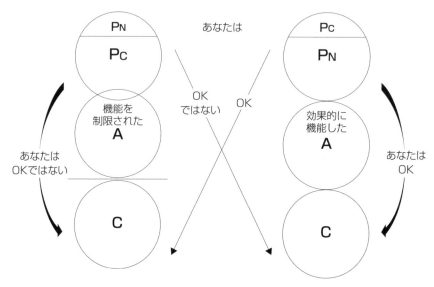

図3 基本となる三つの「自我状態」

支配的な人	愛情表現が豊かな人
「批判的な親 CP」が優位	「養育的な親 NP」が優位
「養育的な親 NP」が隔離されている	「批判的な親 CP」が隔離されている
「成人 A」が「批判的な親 CP」に汚染されている	「成人 A」は汚染されていない
「成人 A」が「子ども C」と接触していない	「成人 A」は「親 P」と「子ども C」を認識できる
「子ども C」の感情は，寂しい，怖い，絶望的	「子ども C」の感情は，喜びに満たされている，希望を抱く

　成人Aに対する「子ども C」や「親 P」の影響は大変重要です。なぜなら，感情的で「非理性的な」影響や偏見から一線を画して機能をする「成人A」は，契約に基づいた，大人による，問題解決に目標を定めた交流分析にとっては必要不可欠な要素だからです。「成人A」の汚染された状態とは，人生で起きるトラウマなど，くり返し起こる出来事，ないしは劇的な出来事によって，大脳新皮質と脳の原始的な部分の神経路がつながった状態を比喩的に表しています。

　研究によると，感情に関わる脳機能は大脳新皮質を満たし，麻痺させる能力をもっているということです。これは，「子ども C」が「成人A」を支配する，または「子ども C」による「成人A」の「汚染」という非対称的な関係としてとらえることができます。この非対称的な関係を逆に戻すことが，感情表現能

力トレーニングの課題の一つになっています。

「批判的な親 ⓒⓅ」：権威主義的な支配体制から社会的平等主義へ

【前提14】　数千年にわたって続いてきた権威主義的体制は，他者を管理し，支配する能力によって初めて持続可能になります。力の乱用によって他者を支配し，制御することが「批判的な親ⓒⓅ」の役目です。

　「批判的な親ⓒⓅ」が支配的である時は，それに比例して「成人Ⓐ」と「子どもⒸ」が抑制されます。そのため，平等かつ民主的で，協力的な社会においては，「成人Ⓐ」と「子どもⒸ」の自我状態を解放するために，「批判的な親ⓒⓅ」の関与を厳しく制限することが望ましいのです。

　強制的で権威主義的なやり方を民主主義，平等，普遍的人権，協調性，非暴力に置き換える努力が，すべての人の目的を力づけるものとして，紀元前500年にギリシャのアテネで始まり，西暦2000年記の終わり頃から世界に広がりはじめました。この動きを交流分析の視点からとらえると，どの子も OK で，「子どもⒸ」の要求は正当であり，交流のもっとも望ましく有益な形は協力的，非暴力的かつ養育的な関係であるということが前提になっています。

　これは「批判的な親ⓒⓅ」の機能や前提と正反対のものです。「批判的な親ⓒⓅ」の場合は，「子どもⒸ」の存在は OK でなく（バカ，悪い，おかしい，醜い，病気である，絶望的である），ストロークに値せず，時には傷つけてもよい対象であることが前提になっています。この「批判的な親ⓒⓅ」の視点で子どもに教育を施す場合，物理的にも感情的にも力を背景にした暴力的なやり方，なかでもストロークを減らすことが特に必要となります。このストロークの削減は，ストローク経済の法則における「批判的な親ⓒⓅ」の強制的な機能によるものです。

【前提15】　幅広く，あらゆる文化を自由と平等に向けて変化させるのに必要なことは，これまで「批判的な親ⓒⓅ」によって行使されてきた「子どもⒸ」に対する調整機能を，「成人Ⓐ」と「養育的な親ⓃⓅ」へ移行することです。「批判的な親ⓒⓅ」を極力減少させることに劣らず重要なことは，「養育的な親ⓃⓅ」と「成人Ⓐ」を強化することです。

　正常に機能する強い「成人Ⓐ」がない場合，規制されることのない「子ども

ⓒ」は他人の人格を危険にさらす可能性がある，と「批判的な親ⒸⓅ」はもっともらしく議論します。

　効果的な交流方法を教えることで人々の人生を向上させるという交流分析の目標を考えると，「成人Ⓐ」の自我状態を強化することは必要不可欠です。また，「成人Ⓐ」同士の交流のみではストロークを生み出す源としてはそれほど強くないため，「養育的な親ⓃⓅ」の強化も同様に重要になります。

　そのため，制御から協力や非暴力へのパラダイムシフトは，多種多様な文化における健康的で強力な「子どもⒸ」，「成人Ⓐ」および「養育的な親ⓃⓅ」の自我状態の増加，そして「批判的な親ⒸⓅ」の影響の減少にかかっています。また，「子どもⒸ」，「成人Ⓐ」，「養育的な親ⓃⓅ」の，どの自我状態も本質的には有益ですが，他の二つを排除するならば，いずれも，人格に偏りをもたらす可能性があるので，相互にバランスよく作用することが必要となります。

交流分析の根底に流れるもの——クロード・スタイナーの思想より

　【前提16】　交流分析はグループで行うように考えられたものであり，それが理想です。交流分析実践者の役割は，クライエントとセラピスト，カウンセラー，教師，コンサルタントなどとの契約によって定められます。

　そのグループが「批判的な親ⒸⓅ」の攻撃から守られ，大脳辺縁系の再調整に必要な辺縁系共鳴を起こすのに不可欠な，信頼感と安心感をもつことができるという前提があるならば，グループワークは，人が変わるのに適した理想的な方法です。

　【前提17】　人は元来，健康と治癒力をもって生まれてきます。自然による救いの手「自然治癒力（vis medicatrix naturae）」は，交流分析実践者にとっての主要な協力者です。ヒーリングテクニックで自然治癒力を促すことが，交流分析実践者の主たる任務です。

　「私はOK，あなたもOK」という基本的な構えは，自然が常に人生や成長や健康の味方であり，いつでも治癒を施し，完全なものに戻してくれるという信念を反映しています。

　【前提18】　ストローク中心の交流分析実践者による基本的な治療の要素は，

徹底的な正直さ，「批判的な親 ⒸⓅ」の排除，そして三つの P，すなわち permission（許可），protection（保護），potency（治療力）です。

　情報の付加や欠落による嘘の排除，「批判的な親 ⒸⓅ」による相互作用の排除に加え，私たち（交流分析実践者）は，好ましくない行為を変えるための permission（許可），「批判的な親 ⒸⓅ」や望ましい変化に抵抗したり弱めたりする影響からの protection（保護），そして，情報や技能，愛情あるサポートという形で治療のプロセスに注がれる交流分析実践者の potency（治療力）を用います。

　有能な交流分析実践者はゲームにおける有害な役割を細心の注意を払って回避し，上述の治癒技法を用いて契約関係を完成させます。基本的に，ストロークを中心とした交流分析は，人々が自分に満足のいく個人の力を設計し，達成できるようにするための処方箋なのです。

第8章

心を中心とする力の7つの源
——さらなる洗練——

　ここまで本書全体を通して，私は個人の力の重要性，喪失，獲得，そして乱用について述べてきました。このきわめて重要な課題を探求するために，本章では個人の7つの力の源を扱います。このユニークな力の構造は，誰もが開発可能で，望むものを手に入れ，避けたいものを避ける力を高めます。

　これら7つの技能の源を，私はそれぞれ，バランス，情熱，コントロール，愛，コミュニケーション，情報，そして超越，と名づけました。東洋思想を学んでいる方はお気づきかと思いますが，この考えは，クンダリーニヨガと7つのチャクラ——大地，性，力，心，のど，第三の目，宇宙——という古代の理論に由来しています（図4参照）。

　これらの力に優劣はありません。それぞれの力には独自の能力や作用があるので，それぞれを発達させ，併せて用いることが必要です。7つの力が統合されることで，カリスマ性という，社会のなかで大切な仕事を成し遂げる力を個人に与えます。心を調節者として，これら7つの力を上手に組み合わせて用いるならば，誰もがなじんでいる，時に繊細なこともあるが多くは無遠慮で，しばしば暴力的な支配の力よりも，はるかに強い力であることがわかるでしょう。

バランス

　バランスとは，グラウンディングとも呼ばれ，大地にしっかり足をつけて根を張り，楽にそして心地よく，立ったり，登ったり，歩いたり，走ったりする能力を指します。グラウンディングがしっかりできていると，「自分の立ち位置を知り」，その「立ち位置を守る」ことができます。また，身体は地に据えら

れ，心は安定します。自分がどこに立っているかわかれば，身体的にも精神的にも，そこから簡単に押し出されるようなことがなくなります。

　権威主義的な家父長制社会では，女性は常に身体的なバランス感覚がとれないような制限を受けてきました。たとえば纏足（てんそく）やきついコルセット，西洋では男性が気に入るような身体に密着した洋服やミニスカートやハイヒールなどの現代風の女性ファッション，イスラム教の世界では身体を隠すための動きにくい衣装などがあげられます。世界中の女性に対する慎み（制限された慎重な動作）という要求は，女性たちの身体的な自由や安定性に干渉するものでした。

　一方で男性は，それぞれの希望にそった楽で動きやすい服や歩きやすい靴を選ぶ自由があり，身だしなみや慎みに対する要求は最小限にとどめられていました。しかし，男女平等社会に移行するなか，女性は自分たちに求められてきた服装や身だしなみの制限の多くを捨ててきました。女性は，しっかり地に足がついてバランスがとりやすく，より力のある状態になってきました。この力強さは権威主義的な家父長制度による支配を根底から脅かしています。

　個々の力の源にとって望ましい状態は中庸，すなわち「ほどよい」状態です。バランスやグラウンディングに関して言えば，力が不足すると過剰に従順で内気になり，簡単にバランスを崩して恐れを抱くようになります。逆に力を過剰にもつと，頑固で無情で動きの鈍い状態となり，バランスの乱れに耐えることも対処することもできなくなります。

情　熱

　情熱は，他の何よりも私たちに元気を与えてくれる内なる炎です。情熱は体制に服従する性質や受動性に立ち向かい，変化を起こしていきます。情熱は対立するものを一つにします。

　情熱は，創造することも破壊することもできます。情熱が生まれると愛は山をも動かす威力をもち，反対に愛が憎しみに変われば社会全体を破壊するほどの力になります。また，性への情熱がなければ，ロミオとジュリエットはなく，結婚も，報われぬ愛もなかったことでしょう。しかし，情熱とは単に性に関するだけのものではありません。情熱は，伝道師のような熱意，空想への探求，発明，また革命の原動力でもあるのです。

情熱の乏しい人は，曖昧で退屈で内気になります。一方，情熱が過ぎると他人を間違って導くこともあれば，コントロール不能になって破壊に至ることもあります。

コントロール

悪用されてきたとはいえ，コントロールは力の本質的な形態です。コントロールは自分の環境や，物，機械，動物や人を操作することを可能にします。

コントロールは身体的にも心理的にも用いられ，自分自身に対する力ともなります。コントロールは特に，情熱，愛，情報やコミュニケーションといった自分の多様な力を自己調整するために重要です。手に負えない異常な状況で，生存が脅かされるような場面では，コントロールが生死に関わってきます。

感情表現能力には，感情をコントロールすることも含まれます。つまり，関係者全員にとって有益になるように，発言をしたり控えたりして感情をコントロールするのです。

コントロールする力が不足している場合には，人は己の内なる混乱の被害者となり，中毒，憂うつ，不眠や無気力になる可能性があります。実際の生活面においては無職やホームレスになったり，暴力にあい，迫害され，精神を病んだり，公害による健康障害を被ることもあり，他人からは，規律を欠いて感情や発言や行動をコントロールできない状態に見え，何を食べ，何を呼吸し，何を摂取するか，自ら制御できないように見えます。

それとは逆に，コントロールに取り憑かれているほどコントロール力が強い場合は，あらゆる状況，そして生きとし生けるすべてのものに対して完全な制御を行うことに固執します。

愛

誰もが愛し，愛されることを望んでいます。それは愛がある時のすばらしさを知っているからです。しかし，誰もが知っている愛による喜びや楽しみを越えて，愛の力に目を向ける人はめったにいません。ましてや，愛の力を発展させようとする人はごくわずかです。

機　能	エネルギーの種類	機能している状態	機能しない状態 （過剰状態⇔不足状態）
バランス	重　力	安　定	頑固⇔軽率
情　熱	加　速	活動を速くする	躁的⇔うつ的
コント ロール	力	巧みに処理する	あまりに支配的 ⇔受け身
愛	感　情	感情理解	過敏⇔無感覚
コミュニ ケーション	交流・インターアク ション	アイデアと感情を表 現できる	おしゃべり⇔寡黙
情　報	情報：科学，歴史， 直感，ビジョン	予測能力	偏った知識⇔無知
超　越	精　神	死への恐怖がなくな る	現実離れ⇔自己中心

図4　源となる7つの力

　愛は，バレンタインカードや，愛する人を見たり愛する人に触れたりした時に感じる，魂が抜けるようなすばらしい感覚や，母親の子どもへの温かい抱擁を越える大きな存在です。それは，人と人との絆をつくり出し，最大の困難時に人々を結束させ，辛抱強くがんばらせ，洪水，飢饉，戦闘，虐殺といった極限的状況下で人に希望を与え，困難を打破する力をもたらします。

　愛の力が十分に発達していないと，冷たく，温かさや共感に欠け，養育したりされたりすることもできず，自分を愛することさえできません。逆に，この力が過剰に発達していると，常に自分の心を捧げてしまう危険があります。その例は自分を否定しながら，過剰な犠牲を払ってまで人を助ける救援者®です。

　現代の中心的な課題は，コントロール中心の社会から愛を中心とした社会への転換を実現することです。このような大きな変化を起こすためには，世界の

いたるところで愛にコミットし，熱心に活動する戦士たちを結束する基盤が必要です。

　愛に生きる姿勢自体が愛の戦士を導きます。この姿勢は，己を愛し，人を愛し，真実を愛するという三つの基本的な領域にあります。これら三つの愛は，心を中心とした人生の歩みに必要です。

①強固な基盤としての個性：自己への愛

　唯一無二の個性を守り，退かずにいるには，己を愛する基盤が必要です。個性には自分の望みに近づく道と遠ざかる道を見分ける能力があります。自分自身や自分の言動への信念を失う時になお，自分の決断に向かってやり抜く力は自分を愛する情熱から生まれます。

②変わらぬ忠誠：他者への愛

　忠誠は，自分が他人の人生に関わりをもつことに気づかせ，自分に対すると同じように他者に対して情熱的にさせます。自分を愛することと他人への愛は強力な力の源であり，よいバランスを保つ必要があります。他人を愛さずに自分を愛する場合は自己中心的になり，その上力をもてば著しく破壊的になりえます。反対に自分を愛さず他人を愛する場合，人はすべてを相手に与える「救援者®」となります。

③誠実：真実への愛

　自己愛と他者愛は真実への愛，特に，自分自身の感情への真実，そして他人の感情への真実に密接に依存します。自分が真実に誠実でなければ，利己的であることと寛大であることの判断ができず，どこで自分への愛が終わり，どこから他人への愛が始まるかを知ることができません。

　正直さは情報時代では特に重要です。けれども情報があふれるなかで，私たちは誤りや偽りの情報に影響されている可能性があります。真実への愛が，何が事実かを示す情報の探究を可能にします。「真実を互いに語り合う人間関係」とは真実への愛の心得を人間関係に応用させたものになります。

コミュニケーション

　コミュニケーションの力とは，自分の考えと感情を相手が体験できるように

伝える能力です。聞き手の好意ある聴き方なしには成り立たない交流のプロセスがコミュニケーションです。コミュニケーションには，送信と受信，話すこととそれを聴くという二つの機能が含まれています。これらの機能は，他者とともに問題を解決するため，また満足のいく関係を築くための情報伝達に必要です。

コミュニケーション力が不足すると，十分に学んだり，教えたりすることができなくなります。反対にコミュニケーション力が過剰な場合には，強迫観念にとらわれた不注意な話し手になりがちで，語る内容も，それが人にもたらす影響も気にしないうわさ話の語り手になってしまいます。またコミュニケーションが少なすぎる時には，得体がしれない，陰気で孤独で不穏な印象を相手に与えます。

どの力の源も相互に関わり合います。各々の力のもっとも強い融合は，コミュニケーションと情報と愛の三者で構成され，代々偉大な人物によって用いられてきたものです。偉大な人物たちのコミュニケーションは真実への愛と人への愛に支えられており，人を脅すこともなければ，人を説得するために操作することもありません。

その代わり彼らは説明し，もし理解されなければ，なぜ理解されないかを解明し，再度説明を試みます。彼らの生徒は自分が学んでいるものを自分がすでにもっている知識と照合する自由を与えられ，それぞれ十分に根拠のある意見を形成していくよう強く促されます。

情　報

情報の力は不確実さを減らし，効果的な決断を可能にします。情報があれば，物事の発生を予測し，それを起こすことも回避することもできるようになります。

情報力の不足は，無知の苦しみを生み，過多は科学，技術，デジタル情報への過度の依存を生み，偏った過剰な知識人を生み，他の力の源を失います。

情報は，科学，直感，歴史，ビジョンという4つの形態をとります。科学は物事をよく観察し，どのように機能しているかを記述しながら，情報を系統的に収集していきます。科学は焦点を合わせ，はっきりとした画像をとらえるカ

メラのようなものです。確実さを維持する上で大変効果的なものです。

　直感は物事の流れをとらえます。状況に対して,「経験に基づく推測」をつくり出します。直感は曖昧で,科学のように正確ではありませんが,真実と思われる方向への力強い導きとなりえます。それゆえ,科学的発見を導く最初のステップにおいて重要と言えます。

　歴史的な知識は過去の出来事に対する認識であり,個人の体験や歴史の学習により支えられます。歴史的視点は今後の出来事を予測するための力強いツールです。

　ビジョンとは,これから先の事柄を直接夢や先見の形で見ることです。誰もが未来に対する夢をもってはいますが,先見の明をもつには大変大きな自信が必要です。ビジョンは,認識できれば大変価値の高い情報形態となります。

　科学は知識に対する唯一の有効な情報源と考えられてきました。また,歴史は年配の方のため,直感は女性のため,ビジョンは変人のためにあるものとされてきました。しかし,それぞれの情報形態には固有の力と有効性があり,それらを活用すれば,どの4つの情報形態も,用いる人の大きな助けになることが明らかになりました。

　情報は長い間乱用されてきました。人を支配し,戦争をし,領地を取得し,また政治的・宗教的見解を押しつけるために使われてきました。現在の情報時代における情報の乱用は,誤報,虚偽,否定的な政治広告,その他さまざまな現代のプロパガンダという形式で見られます。

　情報はラジオ,テレビ,インターネットを通じて何百万人もの人々を操作するために使われています。選挙で一定の人に投票するように仕向け,決まったライフスタイルを送るように仕向け,そしてそれに見合った製品を購入するように仕向けるために使われているのです。

　その一方で,デジタル社会におけるネットワーク形成という新しい展開が始まり,人々のコミュニケーションを支え,情報を開放し,人が情報に操作されるのではなく,自分に役立つように情報を使うことが求められています。

　本書は情報と愛に焦点を当てています。情報と愛の協調から世界を変える力が生まれます(『みんな集まれ!　ネットワークが世界を動かす』[Shirky, 2008, p.140／邦訳:筑摩書房, 2010] 参照)。愛のための情報は,コントロールのための情報とまったく異なります。誰でも無料で取得できるインターネット

による知識は，それを分かち合いたいと思っている何億もの人たちの慈しみと努力によって支えられ，人々がそれぞれの分野で力をつけるために活用されています。日常生活の力づけには実践的な知識，健康には医療や心理的な知識，智恵には教育，人間関係には感情表現能力が用いられています。

超　越

　超越を一つの力の源ととらえる時，それは平静を保つ力であり，物事の流れを成り行きに任せる力と理解されます。超越とは神の恵みを受けている状態，悟りの境地，さらには無と言われる精神状態であり，物質世界から離脱する力とも言われます。超越を力の源とすれば，それは平静さと恐れなき喜びの力です。物事を流れに任せ，否定的な感情や執着や嫌悪に邪魔されず，微笑みが超越した状態に導いてくれる，そういう力になります。

　超越は，大地を揺るがすような大変動のなかでは，宇宙塵に戻るまでの人生がいかに短いか，成功と失敗がいかにもろいか，地球と宇宙の存在がいかに大きなものかを明確に示してくれます。私たちの置かれている状況がいかなるものであっても，それが膨大な時空のなかの小さな点と思えば，それに対応することができます。

　そのように理解すると，未来への恐れもなければ，死への恐れもありません。なぜなら，私たちの存在は日常のつまらない出来事によって壊されるようなものではないからです。超越のパワーは私たちに希望と信念を与え，たとえ私たちの制限された知識では理解に至らなくても人生に意味をもたらします。

　それがあれば，私たちはその状況を見渡せる視点を与えられ，世俗的な状況にかかわらず，自分自身の力を信頼し感じることができます。このような心の状態に，自然にまた容易に到達できる人がいる一方で，瞑想や自己鍛錬が必要な人もいます。

　超越の力が未発達である場合，あらゆる場面で自分中心に考え，どんな犠牲を払っても，自分の信念と望み，嗜好，成功と失敗に極端に固執します。自分以上に大事なものはないので，自分が周囲の人や環境に及ぼす影響が見えなくなります。一方で，超越が過度である時は，現実から浮いてしまい，自分の周りのさまざまな出来事に気づかぬままに「流されて」しまい，地面に足をつけ

たいとも思わず，実際に足をつけることもできなくなります。

　これら7つの多様な力の源は，支配欲に抵抗しうる選択肢であり，個人の力を生み出す王道とみなされてきたものです。心を中心とした力はコントロールを愛に置き換え，一方でコントロールの力を7つの必要不可欠な力の一つととしてとらえます。

　個人の力——カリスマ性——を磨き上げたいのであれば，7つのすべての力を最適な状態に，最大限に育てていくことが必要です。カップル，家族，ご近所，職場や選挙区のチームなど，どのようなものであろうとチームが望ましいものになるためには，全メンバーがカリスマ性をもち自分の力を発揮することが必要です。互いに協調的な演奏をするなかで，心を中心とした個人の力を伸ばそうとする時，人はもっともその威力を発揮します。

第Ⅱ部のまとめ

　私は，大学から大学院にかけて，最初はアインシュタイン，後にフロイトの影響を受けて暮らしていました。最初は相対性理論，光の波動および粒子理論，素粒子理論などさまざまな理論に没頭し，その後心理学に移行してからは，神経症，エディプスコンプレックス，夢の起源，イド，文明と文明への不満などの理論に浸りました。

　当時は理論をつくり出すことが流行しており，特に心理学では，観客さえいれば，自由に理論化することができました。理論は現代のように科学的実証に縛られておらず，人気があれば理論として成功しているとみなされた時代でした。私は，1956年にエリック・バーンのサンフランシスコ・セミナーに行きましたが，その時は何の疑いもなく印象深い理論を期待し，受け入れていました。

　抽象的で哲学的な表現を日常の言葉に戻すべく，哲学者たちにもう少し「地に足がついた」日常の言葉への回帰を要求していた実証主義哲学者のルートヴィヒ・ヴィトゲンシュタインは，私の大叔父でもありました。

　このヴィトゲンシュタインの影響を私もバーンも受けていたことに，当時の私（そしてバーン）はまったく気づいていませんでした。ヴィトゲンシュタインが思想に与えた影響により，バーンは今までとはまったく違う，日常の現実

に基づいた，実証できる人格論をつくり上げる努力をしたと思います。

　こうして彼は，交流の分析，自我状態，そしてゲームという三つの概念を開発し，科学的な実証を探求することになりました。1959年，同じ理由でバーンは私をミシガン大学に送りこみ，私は科学的な心理学を学びました。そしてそこで，私は交流分析の実証的研究室の初代「リサーチディレクター」になったのです。

　交流分析の科学的実証は大変困難であり，これまでのところ，交流分析の科学的実証について専門家の評価を受けようとした人はみな打ち負かされています。私が研究開発の副理事（2000-2003年）としてできた最善のことは，バーンの基本概念を裏づけた科学研究文献の調査でした。

　実際のバーン理論はまだまだ詳しい研究の余地があります。私は日常に根付いた理論として，私が新たに加えたストローク，ストローク不足，個人の力，協力，そして癒しについての理論を本書で展開します。私自身の理論の科学的実証はこれからの課題ですが，それらを短くまとめると，次のようになります。

　　①肯定的ストロークは慢性的に不足している。
　　②(肯定的)ストローク不足がうつを引き起こす。
　　③(肯定的)ストローク不足の原因は子どもの頃に学んだ欲求の内的な抑制である。
　　④どのようにストロークを与え，受け取るかを学ぶことでストロークの交換が増え三角形のドラマが減る。
　　⑤人は，ストロークに満たされていると，エネルギーにあふれ，自由で自己実現できるようになる。

　現時点では，これらの理論およびそこから派生した手法は，科学的な検証を欠いています。しかし，これらの手法を使用する専門家も使用されるクライエントも満足しているという事実は，その手法が妥当であるという大きな証拠です。本書の最後で，これまで提示されている理論について，実地と時間という試験を通った実際の応用例をご紹介します。

第Ⅲ部

愛と情報
──実践編──

第Ⅲ部の導入

　交流分析は，心理療法の技法の応用に限られたものではなく，行動科学に影響を与えてきたその複雑な技法や知識や実践的なスキルは，教育，カウンセリング，メンタリング，ビジネスコンサルティングやコーチングなどに応用されています。

　健康や教育やビジネスの領域で人と接する時には，否定的な決めつけや相互依存を避け，共感的な態度を維持することが必要です。

　そうさえすれば，出会うほとんどの人間関係は有益なものになるでしょう。この癒しの基本的な力を，私は「ナイス（親切）」と名づけました。

　メンタルヘルスや人事の領域で優れた仕事をされている方は，常に関連分野の有効な最新情報を取り入れています。そして自身もスーパービジョンやセラピーを必要に応じて受け，人生の品質を追求し続けることが大切です。これらのことは現代に生きるすべての専門家に必要なことです。私は「ナイス」という能力に加えて，このような癒しの力を「スマート（賢い）」と名づけました。

　「ナイス」と「スマート」はもちろん大切ですが，交流分析の実践では他にも必要とされるものがあります。エリック・バーンはカリフォルニア州，カーメルで亡くなる直前，自分の最後の著書『「こんにちは」の後に，あなたは何と言いますか？』（Berne, 1972／邦訳：星和書店，2018）に最後の訂正を加え，次のように書いています。

> 「どのようなシステムやアプローチであっても，個々の交流がどの自我状態に基づいているか，その厳密な分析がなされていなければ，交流分析ではない」（p.20）

　言うまでもなく私はバーンのこの言葉が好きです。私が交流分析とは何かという問いに対して，「交流分析は交流を分析するものです」と答えることができるのは，彼のこの言葉のおかげです。

　これに一言加えるならば，交流分析は「契約」を交わした上で，参加者に「許可」が与えられ，その「許可」に対して強い「保護」が提供される理想的には

グループワークとして行われる過程である，ということになります。

　契約の本質は双方が実行すべき具体的な内容を約束し，その実行が期待されることですから，これはなかなか骨のおれる仕事です。交流分析家の役目は，クライエントが明確な目標をもち，それを追っていけるような関わりを続けることです。このように，習得したい満足となる結果を目標として契約に記し，その実現まで焦点をそらさず関わるのは忍耐を要する働きです。

　目標の実現に向けて，クライエントへ要求したり，創造的で効果的な提案をするのはやさしいことではありません。カップルやグループに働きかける場合は，１対１の場合よりもより高度な能力が必要とされます。そこではセラピストが交流分析家として培った能力と相手のためになりたいという気持ちだけで，漠然とセラピーを始めるのでは十分ではありません。

　その第一歩として「契約」という概念から見ていきましょう。

第9章

契　約

　契約を通して人に役立つことが交流分析の特徴であり，これは他の価値ある
さまざまな活動とは区別されるものです。

　人は個人でも集団でも，あらゆる種類の有益な活動をします。サッカーを観
戦したり，コンサートやダンスに出かけたり，心理学の勉強会など，さまざま
なテーマの定期的会合に参加したり，週末の山での瞑想や心理分析の講座に参
加するなどさまざまな形があります。どれも有意義な活動ですが，これらの活
動と交流分析の根本的な違いは，そこに契約があるか否かということです。

　多くの人は，教えたり，面倒を見たり，誰かの助けになりたいという健全な
願いをもっています。しかし，ほとんどの人は，相手のためになろうと心から
思って始めたのにもかかわらず，やがては手を貸しているまさにその相手に苦
しめられる，という体験をしたことがあるのではないかと思います。

　契約を結ぶことは，泥沼の「助け合い劇」を必ず展開することになる心理的
ゲームの三つの役割，「救援者」「迫害者」「犠牲者」の出現を避けるための効果
的な第一歩となります。

　助けを受けようとする意志がはっきり示されない状況で（たとえ相手が明ら
かに助けを必要としていても），手を出すのが「救援者」です。

　「救援者」は自分が提供した手助けに，効果がなかったり感謝されなかった
りすると，「迫害者」に転じ，最後には救いようのない状況と混乱した結末に
よって「犠牲者」となります。このような過ちを避けるために考えられてきた
ものが，セラピーにおける「契約」です。

　セラピスト，教師，カウンセラー，コーチ，コンサルタントとして，優秀な
専門家がクライエントと結ぶ契約は，法律に基づく契約と同じように尊重され

るべきものです。また，法的な契約で必要とされる以下の二つの条件はそのままセラピー契約においても必要です。

①インフォームドコンセント
②対価（consideration）

　法的契約で欠かすことができないこの二つは，何世紀もかけて改善を重ね洗練されてきたものであり，実際に有効であり社会的にも望ましいものとして，これらを交流分析の契約項目に採用することは理にかなっています。

契約の事例：ケーススタディ

　ここでは，ケーススタディとして，明確な契約までもち込むことがもっとも難しいとされるアルコール依存症の事例を取り上げます。この事例を，他のさまざまな事例に応用できる基本的なモデルと理解していただければと思います。

　アルコール依存症のクライエントが，家族や裁判の圧力によってセラピーを受けはじめる，というのは珍しいことではありません。このような場合，セラピストもクライエントも，上記の契約の二つの条件を確認しないまま，セラピーを始めてしまうことがあります。

　契約を結ぶのに必要な確認をしていない状況では，クライエント側は，実際にセラピーに同意しているわけではなく十分な報酬を支払いませんし，セラピストも，自身が何を提供し，クライエントに何が必要であるかをはっきり伝えていないままなのです。必要な条件を満たす同意は，セラピーに限らず，あらゆる助けを与える人と受ける人との関わりを設計するのに有効です。

　アルコール依存症の人を助けようとする時は，誰でも，そのリスクを知っている必要があります。ある人が，浜辺で溺れかけている人を目にします。彼は洋服を着たまま水に飛び込み，溺れかけている人を助けようとしますが，結局は助けようとした本人が溺れ死に，溺れかけていた人が助かるという皮肉な結末に終わります。これは示唆に富む比喩です。

　専門知識があるライフガードは，溺れかけている人を救助する際，自分が一

緒に溺れてしまわない技術を学んでいます。飲酒問題を抱える人を助けたいと思うなら，本末転倒の結果に至らないためにも，事前に対応の技法を身につける必要があります。正しい技術を使っての人助けは，努力が無駄にならないためだけでなく，助ける人が相手に引きずり込まれないための防壁にもなります。

　アルコールや薬物の乱用，ギャンブル依存，過食，自傷，他傷衝動などがある人は，他者の善意を攻撃する傾向にあります。相手のためを思って手を貸しても，最後は予想外の事態になり，失望に終わることがあります。愛の心で手助けしても，相手がその手助けを望んでいないことも多いのです。

　人のためになりたいという思いがよい結果に終わると，また人のためになりたいと考えます。けれどもこのような思いが，挫折に終わることは珍しいことではありません。こうした結末を避ける手段が契約です。

互いの同意に基づくインフォームドコンセント

　双方の真意に基づいてつくり出し実践されるセラピー契約は，互いの自由と平等を尊重し，フィードバックによって編み出される洗練された情報交換により完成されます。お互いの同意とは，契約の目標とそれに対する双方の関係性が意識的で誠実であり，その実行のための条件に同意をしていることを指します。セラピーの同意は，依頼，提案，受諾の過程を経てつくられます。クライエントは自身の困難に対するサポートを求め，セラピスト（または医師等の専門家）はその状況を理解し，クライエントが望む改善への力になろうとします。

　情報に基づく的確な提案をするために，セラピストはクライエントの状況と意志をはっきり理解している必要があり，クライエントはセラピーに必要とされる条件を正しく理解していることが，一連のインフォームドコンセントの確立のために必要です。

　セラピーが，すでにお互いの同意の上でなされているとセラピストが理解することがあります。しかしクライエントは自分の意思ではなく，やむをえず参加していて，参加自体が被害にあっているように感じている場合もあります。水面下でこのような状況が続くと，セラピストは知らず知らずのうちに，「救

援者」の役割を与えられてしまいます。アルコール依存者は何の契約もないままセラピーを始めるケースが多いので，お互いの同意を確立することは，アルコール依存者の支援に際しては特に重要です。

　もう一つの典型的なパターンは，良心をもって前向きに関わろうとするクライエントが，具体的なセラピーの方針も条件も理解しないままセラピーを始めることに同意し，しかし実際に初めてみると想像とは違い，思ったより大変な思いをするというものです。

　双方によるインフォームドコンセントには３段階の交流が必要です。

　　①具体的な問題解決の依頼
　　②問題の解決を目指す治療の提案
　　③クライエントによる治療の受諾

　セラピストやクライエントが，これら三つの段階を満たさぬままセラピーに入ることは珍しいことではありません。

　ではここでモデルとして，アルコール依存症であるジョンとセラピストであるジャニスとの会話を追っていきましょう。

ジャニス：「どうなさいました？」
ジョン：「セラピーを受けたいのですが」
ジャニス：「わかりました。来週火曜日の６時が空いていますがいかがでしょうか？」
ジョン：「ええ，大丈夫です。では，火曜日ということで……」
ジャニス：「はい，そうしましょう」

　この会話では表面上お互いにインフォームドコンセントが成立したように見えますが，クライエントの実際の依頼は次のようなものであったかもしれません。

ジャニス：「今日は，どうなさいましたか？」
ジョン：「（妻が別れると言っているんです。僕は飲酒運転で捕まったので，

母さんも弁護士も妻も，僕にセラピーを受けろと言うんです。）僕もそう思います」

　これはセラピーの依頼ではなく，「救援」という心理ゲームの始まりかもしれません。この場合，何週間も何カ月も何年もイライラした気分で過ごしたあげく，得るものはなく，関わっている全員が落胆して終わります。
　では再度トライしましょう。

ジャニス：「今日は，どうなさいましたか？」
ジョン：「セラピーを受けたいと思って」
ジャニス：「どうしてそう思われるのですか？」
ジョン：「どうもセラピーが必要なように思うんです」
ジャニス：「必要ないかもしれないですよ。なぜ必要と思われるんでしょうか？」
ジョン：「実を言いますと，自分は最近飲みすぎて，それが体調に影響しています。このままだと妻は僕と別れることになりますし，飲酒運転で捕まってしまうのではないかとも思います。酒で人生が破壊されそうなので，酒を止めたいのです。助けてもらえますでしょうか？」
ジャニス：「ええ，やってみましょう。来週の火曜日の６時が空いていますが，いかがでしょうか？」
ジョン：「はい。大丈夫です。では火曜日にお願いします」

　今回の事例ではセラピーの依頼が含まれていましたが，その依頼に対して，セラピスト側は具体的に何を目標とし，何を行う予定かという情報をクライエントにはっきりと伝えていません。さらにセラピスト自身がクライエントから必要な情報を得ていないため，実際に援助が可能か否かが不明であり，その際に必要となる条件を伝えていません。
　この事例では，インフォームドコンセントを成立させるには，まだ手探りの段階です。セラピストがセラピーの計画をつくるには，クライエントの問題の理解，問題と取り組む意思，そして成功への十分な見込みをもつことが必要で

す。今回対象となるアルコールの乱用という課題について，インフォームドコンセントが成り立つには，ジャニスはまだいくつかの具体的な情報を得る必要があります。

　私の経験では，アルコール依存症のクライエントと契約を結ぶ前に，セラピストは次のことを確認する必要があります。

- クライエントは自分がアルコール依存症であると理解していますか？
- 飲酒をすると自分をコントロールできなくなりますか？
- そのために健康を害していますか？
- 本人は飲酒を止めたいと思っていますか？

　クライエントの飲酒について必要な情報を得て初めて，セラピストは双方よりなるインフォームドコンセントに参加することができます。以下の会話を見ていきましょう。

ジャニス：「今日は，どうなさいましたか？」
ジョン：「自分は最近飲みすぎて，身体を壊しました。このままだと妻に離婚されそうです。その上，飲酒運転で捕まりそうです。人生を壊す前に飲酒を止めたいのです。助けてもらえますでしょうか？」
ジャニス：「わかりました。ジョン，私はあなたの力になれると思います。セラピーを始めるとしたら，どのようなことが必要かを説明させてください。

　あなたに守っていただきたい，いくつかの条件があります。グループミーティングへ毎週2時間参加することが条件となります。そして個人セッションまたは家族セッションには，場合によって奥さまやお子さまと一緒に来ていただくことが必要になります。これらのセッションには継続的に，そして時間を厳守して参加していただく必要があります。

　セッションの24時間前からお酒を飲んではいけません。このようなセラピーは飲んでいるとうまくいかないのです。できるだけ早く飲酒をやめ，セラピーを終えてから1年間はお酒を飲まない

ようにすることが大切です。セラピーに参加する1年間はグループワークに継続的に参加し，自ら問題に取り組むことと，ワークで課される習慣や食事を変える宿題を行うことも必要となります。

　様子を見ながらAAグループへの参加も検討していきます。このようにグループワークに継続的に参加し，1年間アルコールを控え，私と一緒にあなたの課題に取り組めば，かなりの確率でアルコール依存は治ると思います。

　以上，ご説明したことにあなたが同意してくだされば，先に進めることができます。私は，火曜日の6時が空いていますが，いかがでしょうか？」

ジョン：「わかりました。では火曜日6時に伺います」

　この要点のみを示した事例には，双方のインフォームドコンセントが含まれています。それは，依頼，提案，同意の三つです。

　依頼された問題は定義されています。アルコール依存です。完治とされる状態を明確にしています。アルコール依存を止めることです。これは，初期の契約の望ましいひな型であり，この例を参考にすれば，クライエントとセラピストの両者，グループであれば，それに関わるすべてのメンバーに満足する結果をもたらすと思われます。

　またこのひな形はアルコール依存の例に限らず，あらゆる問題に応用できます。もちろんこのような契約の時期を治療開始時でよいとする見方もありますが，私としては，お金と時間を無駄にしないために，最初の電話やメールで，インフォームドコンセントによる契約を結ぶ同意があるか否かをクライエントに確認することをお勧めします。

　セラピーを始める際に，クライエントが小さな問題に取り組もうとすることがありますが，その背景にしばしば主要な問題を避けたいという思いがあります。例えば，ジョンは妻との関係を改善したいが，飲酒は止めたくないとします。ここでセラピストが二次的な問題に対する治療計画をつくったとしても，その背景にある破壊的なアルコール依存の問題を取り上げない場合，のちのち問題が生まれます。

　それは，患者が生命に関わる病気を抱えているのに，美容整形手術を行うよ

うなものです。アルコール依存はあまりにも破壊的な問題なので、その本題を扱わない限り、それ以外の努力はすべて無に帰します。このような依頼は率直に丁寧に断るのが望ましいと思います。

対　価

　インフォームドコンセントの他に、契約には対価が必要です。助ける人は与える側です。助けを受ける側は、時には何かを返す必要があります。法律用語でこれを対価と呼びます。いかなる契約も有効な対価を視野に入れる必要があります。有効な対価とは、セラピストとクライエントの間でやりとりされる利益です。セラピストが提供する有効な対価は、常に、問題の改善に効果のある試みであり、クライエントは対価として料金を支払います。

　エリック・バーンが契約という概念をつくり出したのは、一部の精神科医たちの態度に抵抗するためでした。彼らは提供する治療について何らの約束や意志表示もしないまま、クライエントから対価を受け取ることを当たり前としていたのです。

　精神科医がセラピーにおいて契約（Menninger, 1958）を語ることはありましたが、それはクライエントが守るべき条件、例えば時間を厳守し、セッションでは自由に連想し、欠席の場合でも費用を払う等の条件が一方的に述べられるだけで、セラピスト自身の義務や任務への言及はありませんでした。このような契約に欠けている概念が対価です。では対価とは何を指すかを詳しく検証していきたいと思います。

　すでに述べたとおり、セラピストがクライエントとの関係において提供する有効な対価は、問題を解決することです。そのためには、クライエントが自分の人生において何が不満であり、満足するには何が必要かを明確に説明する必要があります。

　クライエントを仮にアリスと呼びます。アリスは、何が彼女を不幸にしているかを具体的な言葉で表現する必要があります。飲みすぎているのか？　眠れないのか？　いつも泣いているのか？　よい人間関係を築けないのか？　友達に避けられているのか？　仕事を続けられないのか？　などです。さらに、アリスにとっての満足な人生には何が不可欠かを表現することも必要です。たと

えば，仕事が継続できること，愛情に満ちた素敵な関係をもつこと，いつも
ぐっすり眠れ翌朝元気に目が覚めること，友達をつくれること，頭痛が治るこ
と，飲酒を止めることなどです。

　はじめに訴えた問題が消失していることを，セラピストもクライエントも
（もしグループである場合はグループの大半の人が）認めるならば，セラピス
トは契約の目的を達成したことになります。ですから，先ほどのアリスの例に
あげたように，問題とそれが解決した状態を，明確で，行動として観察可能な
言葉に表すことが必要です。はじめにそれが述べられていなければ，問題が解
決されたか否かを判断することができないのです。

　契約の完了を，バーンは終結と呼びますが，それは交流分析家がセラピーに
よってクライエントに提供する対価です。反対にクライエントがセラピストに
提供する対価の形は，状況によって異なることがありますが，金銭的な支払い
による対価がほとんどであり，クライエントの支払いの能力に合わせて合意し
た金額の全額，または一部が支払われることになります。しかし金銭的な支払
いだけでは十分と言えません。クライエントは，セッションでもセッションの
間でも意欲的にセラピーに協力する必要があります。

　効果的な治療のために，クライエントはすべてにおいて明確な契約をする必
要があります。一つの契約が達成に近づくと，「セラピーは完了したか，それと
も新たな契約が必要か」との問いが出てきます。その問いに答えるのはクライ
エントであり，セラピストでありません。

　最初に結んだ契約が適切でない，あるいは実行不可能と判明し，変更が必要
になることもあります。同じクライエントでも新しい契約には，毎回，初めて
の契約と同様に取り組み，丁寧につくり上げていくことが必要です。

　セラピストは職業上，クライエントにこうすべき，またはこうすべきでない
と言いたい衝動が出てくるので，気をつける必要があります。すべての契約は
クライエントの必要と希望をもとに形成されるもので，セラピストの思いが中
心になることはありません。これは，セラピストの表現の自由を禁じているの
ではなく，クライエントの見解がまずあり，それを支える立場にいるのがセラ
ピストであるということです。

　ここまでアルコール依存症の事例を取り上げてきましたが，クライエントと
結ぶ契約には次のような項目も考えられます。

よい仕事を見つける。

ケーキ類，コーヒー，喫煙のどれかまたはすべてをやめる。

友人をつくる。

性生活を改善する。

「批判的な親 ⒸⓅ」と闘うこと。

「救援」をやめること。

頭痛を止める。

「養育的な親 ⓃⓅ」を発達させる。

収入を増やす。

ストロークをもっと出す。

うつ状態を克服する。

より生産的になる。

不安を解消する。

より正直になること。

感情表現を豊かにする。

愛し，愛されること。

ほんの少しの助けがあれば^{訳注1）}

友人として他人を助けたいと思っている人は，「救援者」にならないように，慎重に関わることが大切です。「救援者」は次のように定義されます。

　①自分が欲していないことをする。
　②自分の領分を超えてする。

友人関係における手助けの際，「救援者」となるのを避けるには，自分が本心で相手のためになりたいと思っていること，そして相手が少なくとも提供する手助けと同じだけの努力で問題に取り組もうと決意していることが必要です。そして必ずしも金銭的あるいは物質的なものでなくてよいのですが，助けた側

訳注1）「友達からのほんの少しの助けがあれば」（ビートルズの曲名）

はその努力に対して何かを受け取ることが大切です。

　たとえば，あなたの悩みの相談にのり，1時間ほど電話で話をしたとします。そうすると，いつか必要になった時に同じく1時間ほど自分の相談にのってほしいと思うものですし，私があなたの家の片付けを手伝えば，私のガレージの片付けもぜひ手伝ってほしいと思います。このように助け合うのはお互いさまです。

　両者のエネルギーのバランスを均等に保つことで，「救援ゲーム」にうっかりはまらずに済みます。そのバランスを保たないと，不意に救援ゲームに入り込むことになり，胸の内に怒りを感じ，助けようという意欲も消え，やがて助けたいと思った相手を「迫害」することになりかねません。

　友人同士が協力し合うことは暗黙の了解で，改めて明白な同意の確認は必要ないとふつうは考えられています。しかしそれでうまくいくとは限りません。また，相手のためだけを思って行動し，まったく見返りを期待しないこともありますが，いつもこれが賢明な方法であるとは限りません。

　助けを提供する側が助けを受ける側に最低限求めていいものは，今の状況を変えるための強い努力と目標に取り組み，学ぼうとする意欲です。助けを提供する人たちは，助けを受け取る本人が肯定的な姿勢をもつことで十分な対価を受け取ったと考えることもあります。それで満足するのもよいことです。けれどもそれ以上を期待してもおかしいことではありません。

協働の契約──パワーゲームから開放された関係

　個々のクライエントが関わる具体的な契約の他に，私の場合，個人においてもグループにおいても必ず結ぶ契約があります。それは「協働の契約」です。この契約では，共に仕事をする上でパワープレイを許さないということを具体的に決めていきます。つまり，そこには「救援」がなく偽りもないということです。もちろん，クライエントと交流分析家の両者が守るのが契約です。パワープレイの定義は4章で，「救援」については5章で紹介しています。ここでは　偽りを禁止する重要性を説明していきたいと思います。

嘘をつかない

「嘘をつかない」とは省いたり加えることで嘘をつかないことを意味します。私たちの，何かを受け止め，理解し，効果的に対応する能力は，私たちの人生の嘘によって，大きく損なわれます。私たちは日々，何が真実で何が偽りか，いつ偽り，いつ真実を言うか，何を信じ，何を信じないかといったことに心を占領されています。

私たちは自分たちの脳のほんの一部しか使っていないと言われています。もしそれが事実だとしたら，私たちの使える脳の容量が，人を混乱させる誤報，偽情報，欺瞞や嘘に浪費されていることに原因があるに違いないと思われます。

嘘をつかないとは，故意に偽らない，知っているのに偽りを言わない，そして秘密や情報を知らせないことによる偽りもない，ということです。たとえば，アルコール依存症で治療中のメンバーの一人が最近飲酒しているとします。聞かれて否定した場合は嘘をついたことになります。しかし，相手に聞かれず，自分が言わなかった場合も偽っていることになります。沈黙による偽り，わざと秘密をもつ行動，相手が知りたい情報を隠すことによる偽りです。

もしある人が怒りや愛する気持ちを隠しもつ場合，それを表現しないのは秘密をもち続けることになります。同様に，自分の望みや否定的な考えを表現しないのも偽りの一つです。

嘘をつかないと約束することは，クライエントが自分の気持ちと考えを声に出し，治療（ワーク）の障害になりうる秘密をもたないようにするための後押しになります。このような関係ができた時，クライエントが本当に望んでいることを聴き，「救援」を避ける理想の状況が生まれます。

パワープレイがなく，「救援」のゲームや嘘がない環境では，人は互いに信頼と安心感をもちやすくなります。これは，人が心を開いて，自分の人生のさまざまな側面やもっとも困った側面を正直に話すうえで，欠かせないことです。

真実であるということは，自分が望んでいるものの一部ではなく全体を，時々ではなく常に明らかにするということです。全員の望みのカードがテーブルに開示されたら，一人ひとりの参加者の満足が最大になるための話し合いが必要となります。

協働の契約は，メンバーがそれぞれつくる個々の契約とあわせて問題を効果的，効率的に解決する手段です。私たちが目的に焦点をしっかり当て，努力を無駄にするような結末を導く「救援」を避け，偽りによる混乱をなくすためにも，協働の契約は，人がそれぞれの人生を根本的かつ劇的に改善することができる社会的な仕組みです。

　この理屈からすると，まったく嘘偽りのない，潔白で，徹底的な真実こそが正しいと考えられます。しかし徹底的な真実というのは極端な提案であり，これに真剣に取り組むとしても，細心の注意が必要です。誰であろうと，常に完璧な真実を語っていると主張すると，世間とあまりにかけ離れているため，逮捕されたり精神病院に入れられたりするかもしれません。

　もし自分の真実に対して徹底的に正直であることが，一切嘘をつかず，すべての望み，感情，信念を常に表現することであると考えるなら，これは非常に危険なことになります。実際にこのような行為が推奨されるのは，双方の同意が確認できている時，もっとも親密な信頼関係にある時に限ります。

　徹底的に正直であることは，努力する価値のある理想であり，私たちは私生活で試みることができます。私自身は親しい関係にある同僚や友人や家族など約25人と，お互いにこのような関係をもつようにしています。

　実のところ，個人の生活において嘘がないというのが，「感情表現能力トレーニングプログラム」のトレーナー候補に求められる一つの条件です。もしそれが満たされていない場合は，正式な認定トレーナーになる前に，身近な家族や友人との間にある偽りをクリアにする意思表示をする必要があります。国の未来を左右する有力者や政治家にこのような理想を期待できる日が，将来いつかやってくるのでしょうか？

第10章

「許可」「保護」「治療力」と「批判的な親 CP」

　交流分析は，「許可」，「保護」，「治療力$^{訳注1)}$」という三つの基本的な手法により行われます。これらは英語ではすべて頭文字Pで始まるため（permission, protection, potency），「三つのP」と呼ばれます。私はこの三つにもう一つのP，「批判的な親 CP」の排除を加えたいと思います。

許　可

　交流分析療法の三つのPの最初の「許可」は，脚本の理論と密接な関係にあります。ここでは，脚本によって生じる問題の代表として，アルコール依存のケースを取り上げます。

　エリック・バーンはアルコール依存症の治療には，**飲まなくてよいという許可**が必要であると考えました。この考えは，アルコール依存者を支配しているのはその人の脚本であり，その脚本は，「親 P」からの抑圧による「禁止令」や「属性」の結果であるとするものです。

　これは意義ある提案と思われます。その場合，理論的にアルコール依存者は「飲め」という命令の支配下にあるということになります。それゆえ，彼が必要としているのは「飲まなくてもよい」という許可なのです。

　実際の例に当てはめてみると，この「許可」の概念は大変わかりやすくなります。たとえば，同僚に大酒飲みが多い若いアルコール依存症の人が飲酒を止めると決意した場合，飲むことによって得ていた同僚からのそれまでのサポートを失うことや，自尊心がゆらぐことによる喪失感を体験するかもしれません。

$^{訳注1)}$ Potency は潜在する力と発揮する力の両方を含む使い方。スタイナーの概念が伝えられるように，ここでは治療力と訳しています。

彼には，飲酒を止めてもよいという許可，そして，潜在的，時には顕在的なアルコール乱用の誘惑を断ち切ってもよいという許可が必要です。

　ここに示されている脚本と許可の仕組みは，自虐的なあらゆる行為に応用することができます。働きすぎている場合には，そんなに仕事をしなくてもよいという許可，反対に働きが足りない場合は，仕事をもっとしてもよいという許可です。また性生活の過多過少，親切が多すぎたり少なすぎたりという場合も同様です。

　交流分析家は複数の自我状態から「許可」を与えることで，クライエントを「禁止令」や「属性」から解放し，クライエント自身が自分の「自然な子ども⑭」の自我状態としっかりつながりをもてるよう試みます。

　交流分析家は，複数の自我状態との交流として，たとえば「養育的な親⑰」からクライエントに「飲むのをやめなさい。やめるのがあなたにとって望ましいことだから」と率直に言ったり，「成人Ⓐ」からは「飲酒は人生を歩む上での賢明な戦略ではない」，そして「自然な子ども⑭」からは「お願いだから飲むのをやめて。自分を痛めつけるのをやめて！」などと言ったりします。

　アルコール依存症であるクライエントの「成人Ⓐ」は，アルコールの乱用が自分の利益にならず，害であることを理解している必要があります。クライエントの「成人Ⓐ」が，飲酒による害を認識できていない場合は，「許可」は成立しないため，伝える内容はクライエントがいずれ拒否するであろう命令となってしまいます。

　ではこの内容を具体的な事例で見ていきましょう。アルコール依存症の人がアルコールの乱用によって仕事を失う危険があるとします。「飲酒を続けて得るものはなく，止めなければ仕事をやめざるを得ない状況にある」と言われても，彼はつき合いの酒が必要と信じているために，耳を貸しません。つまり，「成人Ⓐ」から「成人Ⓐ」へ情報が伝えられ，受け入れられなければ「許可」という概念は機能しないのです。このような場合，最初に着手する課題は「仕事には酒がつきものである」というクライエントの考えが思い込みであると気づかせること，そこから始めます。

　「許可」が効果を出すには，アルコール依存症の「子どもⒸ」が，飲酒をやめてほしいと願うセラピストの「養育的な親⑰」と「子どもⒸ」に応答することが必要です。

そのような応答がなければ，クライエントの「成人Ⓐ」は自分の脚本の禁止令を克服する力を得ることができません。「許可」は常に「養育的な親ⓃⓅ」から与えるべきものであり，間違っても「批判的な親ⒸⓅ」から与えてはなりません。しかし，この二つの自我状態は，区別が難しく，声色でしか判断できないことがあります。

　たとえば，無差別に性関係をもつクライエントにセラピストが「見知らぬ人と性的な関係をもつのはやめなさい」と言うとします。セラピストのその言い方に，「批判的な親ⒸⓅ」から出される「ふしだらだ」という意味合いが感じられるか，それとも「それをやめるのはあなたのためであり，あなたはやめることができる」という，前向きで「養育的な親ⓃⓅ」の存在が感じられるか，それによって聞き手に伝達される意味が違ってきます。

　セラピストの「子どもⒸ」の何よりの願いは，クライエントが自分自身を傷めつけることをやめ，害がなく良心的で健康的な楽しみをもつことです。

　セラピーの際にセラピストがどうしても避けなければならないのは，「絞首台の交流」と呼ばれるもので，それは自分を卑下し，飲酒行為をネタに周囲のウケや笑いを誘うという，クライエントの自己破壊的で不健全な「楽しみ」に，セラピストが自分自身の「子どもⒸ」を共感させてしまうことです。

　たとえば，クライエントが「昨日はけっこう酔っちゃって，朝，気がついたらかみさんの隣で，コートを着たまま，鞄を抱いて眠っていたよ。ハハハハ」と笑い出し，セラピストが一緒に笑みを浮かべているとします。これは通常ではふつうの交流ですが，ここでは，アルコール依存症の自己破壊的な脚本に，セラピストの「子どもⒸ」がのってしまったことになるので，絶対に避けねばなりません。「絞首台の交流」はアルコール依存症の患者の会話によくあるもので，たとえ「冗談が通じないやつ」と思われても，セラピストはこれを避ける必要があります。

　実際にはさまざまな「許可」が治療として用いられます。たとえば，「考えてもよい」「話してもよい」「動いてもよい」「要求してもよい」「笑ってもよい」「泣いてもよい」「ストロークを与えても，受け取っても，断ってもよい」等です。

　別のケースを取り上げましょう。かつてヘロイン中毒であった女性のクライエントが自分の状況を改善し，1年間薬物乱用をやめ，現在は自分から社交的

な行動はとらず，わずかな友人の誘いだけを頼りに暮らしている状態だとします。彼女には社会的なつながりとそれを周りの人たちに求める「許可」が必要とわかりました。

そこで，彼女は宿題の一環として，友人を映画に誘うことをセラピストに約束しました。けれどもやってみると，この課題が非常に難しく，何ともならないことがわかったため，この課題がセラピーの契約の中心となりました。

しかしさらに前進するために，彼女はこの難関を突破する必要がありました。セラピストはそのための具体的な行動と必要な対話に粘り強い関心を向け，最終的に願った効果を得ることができました。彼女はついに自分の「批判的な親ⓒⓟ」の以下のような禁止令に勝利しました。（「人を誘うな。自分が人を誘うのは惨めな上，誘った相手に断られる」）。彼女は勇気をもって友人を映画に誘いました。その行動をとったことで，彼女はそれまでの行き詰まりを乗り越え，最終的な回復への第一歩を踏みだすことになったのです。

保　護

「保護」は「許可」を有効にするための必要条件です。「許可」を与えることは，「批判的な親ⓒⓟ」からの禁止令とその禁止を擁護する社会的状況に対するクライエントの対抗を促すということです。それには当然，信頼でき，あてになる強力な後ろ盾が必要です。

「批判的な親ⓒⓟ」への服従を止める時，人は特別な不安に襲われます。私はこれを「実存的な不安」と名づけています。自然が真空を埋めるように，長年自分の人生を占領してきた害ある活動を止めると，そこに生まれる空白をともかく早く埋めたいという衝動に駆られます。この不安に対抗するのが「保護」の役目です。電話やメール，必要に応じてのセッション，時に特別な（「救援」には至らないような）サポートを提供できる強力なセラピストの存在が必要です。そのような心強く温かな保護が重要なのです。

グループメンバーは可能な限り，（電話，共同の活動，ランチやお茶に誘い合うことを通じて）保護的なサポートを互いに提供し，勇気づけていくことが大事です。このような保護が提供される人間関係が形成されないと，クライエントは脚本の禁止令に圧倒されてしまう危険があります。

治療力

　セラピーにおける「治療力」とは，効果的に，できれば迅速に治癒に導く能力です。セラピストの治療力は，クライエントがそれまでに受けてきた有害な禁止令の程度，深刻さに匹敵するものでなければなりません。セラピストは，クライエントが治癒に至るために，自分の治療力を惜しみなく提供する意志をもち，治癒までにかかる時間と費用を見積もる必要があります。それは，セラピストがクライエントを自身の問題に直面させ，変化を促す覚悟をもち，必要な時に適切な「許可」や「保護」を提供するということです。

　「治療力」をつけようと努力する時，セラピストは万能でありたいと思ってしまうものです。しかし「治療力」があることと万能であることの違いは明白です。自身の責任範囲を意識できている交流分析の専門家たちは，万能であろうとする空想に苦しめられることも，「救援」の役目にとらわれてしまうこともありません。万能であるということは努力なしに成果が上がるということですが，治療力をつけるには努力が必要です。

　セラピーの「治療力」を向上させたいということは，契約を実現するために，実績があるならばどんな手法も取り入れる姿勢があるということです。セラピーの技法は無限にあり，常に新しいものが開発されています。治療力のあるセラピストとは，どのような技法があるのかを知り，その技法の長所，短所を考慮した上で，クライエントの要求に合わせて調整し，それらを適応することができる人のことです。

第11章

「批判的な親ⓒⓅ」を追放する

　当初「ピッグペアレント」と呼ばれていた「批判的な親ⓒⓅ」は「ラジカル精神医学」の初期につくられた概念の一つです。最初に「批判的な親ⓒⓅ」を導入したホギー・ワイコフ（Hogie Wyckoff）は、「批判的な親ⓒⓅ」は人生に悪い影響しか及ぼさないものであり、それを孤立させ、その権限を取り除かない限り、力強く生きることはできないと言っています。

　すでに述べたとおり、自我状態とは比喩であり、それが示す重要な概念を象徴的、また直感的に理解するためのものです。「批判的な親ⓒⓅ」が比喩として象徴しているものは、想像を絶するほど長い間、人間を抑圧し、人の心に入り込んできた秩序や規則、心構え、さらには態度や行動をつくり出してきた制度などです。

　宗教裁判、イスラム教の法典、国家社会主義、ソ連やカンボジアの共産主義、さらに他のあらゆる「主義」にとけ込んだ「批判的な親ⓒⓅ」が、その思惑から逸脱する人々を殺害し、拷問し、そして痛めつけます。抵抗者を排除し、人前に顔を見せる女性に硫酸をかけ、姦通者を石打の刑に処し、女性をレイプしてエイズに感染させるなど、残虐な行為は無限にあります。これらの野蛮な振る舞いには、「批判的な親ⓒⓅ」という都会的な名前よりも、「内なる野獣」と名づける方が本質を表しているのかもしれません。

　その存在にどんな名をつけようとも、その声はどれも心のなかのまったく同じ場所、同じ神経束から発せられています。それは、毎日昼夜を問わず、学校でも仕事場でも台所でも寝室でも、いつでもどこでも本人と周りの人々に、アホ、バカ、気がおかしい、醜いなどと言います。それらにもし違いがあるとするならば、それはその影響の範囲の広さと強さだけです。だからこそ、私たち一人ひとりがそれぞれの人生において「それ」が力をもたないように、「それ」

を完全に排除することが必要なのです。

　この「批判的な親 CP」に対処することが三つのP（「許可」「保護」「治療力」）の**存在意義**です。「許可」は「批判的な親 CP」の命令を取り消し、「保護」は「批判的な親 CP」による攻撃から人を守り、「許可」が促す有益な変化が「批判的な親 CP」によって損なわれないようにします。セラピストに求められる「治療力」は、クライエントの「批判的な親 CP」の力を上回っていることが必要です。

　感情表現能力のプログラムの実習では、「批判的な親 CP」の禁止令を破棄する挑戦が組み込まれています。それは、肯定的なストロークのやりとり、自分の感情に正直になること、間違いの責任をとることから生ずる恥の感情などを妨害する禁止令への挑戦です。加えて、セラピー契約の内容に対して、「批判的な親 CP」がどこをどのように攻撃したり蝕んだりしてくるかを細かく洗い出して特定し、それに対処するための効果的な行動を設計していきます。

　ストロークを中心とする交流分析は、この「批判的な親 CP」の権威と影響力を排除することを目的としています。70年代に始まった時は、個人を「批判的な親 CP」から解放する実習を「ブタからの解放（Off the Pig）」と呼んでいました。現在はこのような挑発的な名前ではなく「批判的な親 CP の実習」という洗練された名前を使っています。

「批判的な親 CP」の実習

　みなさんの周囲には、自分の「批判的な親 CP」を課題に取り上げたい人がいるかもしれません。これからご紹介する実習は、数人の参加者とセラピストを必要とするので、グループ形式で行われます。具体的な事例を通して説明します。

　シアンは、半年のグループワークを経て、長年自分の努力を損なわせる原因となってきた自分の「批判的な親 CP」を実習で取り上げてほしいと言いました。

　実習は以下の三つの部分からなります。

①準備

②内なる敵の追放

③まとめ

実習の準備

シアンにはできる限り多くの「批判的な親⒞Ｐ」が発するメッセージを思い出してもらい，他の誰かにそれを黒板に書き出してもらいます。最初，シアンは「おまえは偽善者で，それがばれるのも時間の問題だ」というメッセージしか思い浮かびませんでした。しかし，しばらくすると，つぎつぎに思い出してきて，「バカ」「まともに考えられない」「負け犬」「おまえみたいなやつは成功しない」「兄はできるが，おまえはできない」「能なし」「無理」といった長いリストになりました。

すべてのメッセージが黒板に書き出されたら，シアンとセラピストはグループのメンバーの協力のもとに，核心となる内容を選び出していきます。まず，重複するものを削除し，内容ごとに分類し，主要な内容を6つの文章にまとめます。どの文章も本質的には「おまえは無能」「おまえには価値がない」「おまえはペテン師」といったものばかりです。

次に，シアンは「批判的な親⒞Ｐ」のメッセージを演じるようにメンバーの一人に依頼します。断られた場合は別の人に依頼します。セラピストは実習を見守る「成人Ⓐ」の役をすでに果たしているので，それが「批判的な親⒞Ｐ」のイメージで汚染される危険を避けるため，その役を引き受けることはできません。

次に，シアンは「養育的な親ⓃＰ」の役割を演じる人をグループのメンバーから選びます。そして各役の立ち位置を設定します。「批判的な親⒞Ｐ」はシアンが攻撃を感じられる距離でシアンとまっすぐ向かい合う場所に，「養育的な親ⓃＰ」は静かにシアンの背後にいます。黒板を「批判的な親⒞Ｐ」役が読みやすいようにシアンの後ろに置きます。セラピストとグループのメンバーは，シアンと「批判的な親⒞Ｐ」から同じ距離となるいずれかのサイドに位置します。

内なる敵を追放する

セラピストは「批判的な親⒞Ｐ」役に，黒板に書かれた文章を読み，目を閉

じてしっかり演じるよう依頼します。この実習では，シアンが「批判的な親CP」と率直に向き合う状況をつくることがカギとなるので，役を引き受けた人は引かずに役を演じきることが大切です。

　全員の準備が整ったなら実習を始めます。まず「批判的な親CP」役が目を開け，できるだけ強い攻撃をシアンに加えます。依頼された役を演じきることが重要なので，ここでは怒鳴っても怒ってもかまいません。

　「批判的な親CP」の直撃を受けたシアンとメンバーは，はじめは言葉を失います。しかし，セラピストに勇気づけられたり，対応策を提案されたりしながら「批判的な親CP」に対抗していきます。

　シアンの主張は，最初は弱く，一貫性や説得力に欠けます。この時，人によっては沈黙したり泣き出したりすることもあります。シアンはグループのメンバーが見守るなか，セラピストのサポートを得て，自分を守ることに焦点を当てていきます。ここで「批判的な親CP」が「おまえはバカで能なしだ」という攻撃を開始し，シアンは必死に，「いや，僕はバカじゃない」と言います。

　ここでセラピストはシアンにもっとはっきり主張するように促します。シアンは腹を決め，「わかってるよ。バカはおまえの方だ。うるさい，いいかげんに黙れ！」と言い，セラピストは小声で「そうそう，その調子！」とシアンを応援します。「批判的な親CP」は「おまえは絶対成功しない。おまえはペテン師だ。偽物なんだよ，わかったか！」と怒鳴ります。

　シアンが沈黙するとセラピストが「偽物はおまえだ」とシアンの耳元でつぶやきます。それを聞いたシアンは「そうだ！　偽物はおまえだ。おまえは何でも知っているふりをしてるが，何も知らないんだ！」と言い返すと，「批判的な親CP」が「おまえは決して成功できない。自分でもわかっているはずだ！」と返し，シアンは「いや俺はすでに成功している。大学を卒業し，二人の子どもを育てた。俺はおまえを追放する。それが俺の最大の成功なんだ！」と言い切ります。

　このような対話が10分から15分続くと，「批判的な親CP」役の攻撃材料と戦術が底をつきはじめます。そこでセラピストは黒板に書かれている情報をもとに「おまえは私を追放できない。おまえは，おまえの兄にはかなわない」など，新たな攻撃をくり出して「批判的な親CP」の手助けをします。

　実習ではこのような会話がしばらく続きます。しかし，ある時点で「批判的

な親⒞ＰＰ」役はその迫力と言葉を失います。それは，演技や遠慮ではなく，「批判的な親⒞ＰＰ」のその役柄の力が実際に失われたのです。この実習では，「内なる敵」が実際に存在する人の投影であり，それが偏見と誤った情報だけを力として存在していることが明らかにされました。そしてそれにどうやって向き合えばよいかわからないというのが，シアンの課題でした。

セラピストの有効なサポート，そして背後から静かに支えてくれる「養育的な親⒩ＰＰ」の力を借り，シアンは説得力と安定を得て，自分のなかに実在する強情な「批判的な親」を撃退できるようになります。「批判的な親⒞ＰＰ」から言葉が出なくなり，シアンが逃げ出さずに自分の主張を貫くことができるようになった時点で，セラピストはシアンが議論に勝ったとみなし，実習を終了します。

実習のまとめ

グループのメンバーは，シアンの勝利を拍手で祝います。セラピストはシアンに「自分に誇りをもっていいんだよ」と言い，彼は誇りをもつことにチャレンジします。

シアンはグループの中央に立ち，確信をもって堂々とした声で「私は，今までずっと自分は愚かだと思って生きてきましたが，ここで貴重な学びを体験し，それが事実ではないとわかりました。実際，私の学業の成績は悪くないのです。人間関係においても，多くの方々に大事にしてもらい，身近な人に愛されています。また，私はペテン師でもありません。必ず約束を守ることで信頼を得ています。本物の詐欺師は私のなかの『批判的な親⒞ＰＰ』なのです。そしてこれから私は，自分の「批判的な親⒞ＰＰ」を放り出してやります」と言います。

メンバーはさらに声援を送り，全体の流れについてコメントをして，自分たちの体験を共有します。メンバーのなかには，涙を流す人もいれば，激しい対立を野蛮なものととらえて恐れる人もいます。

そしてメンバーはシアン，「批判的な親⒞ＰＰ」の役，そして「養育的な親⒩ＰＰ」の役とセラピストにストロークを与えるよう奨励されます。シアンは，「批判的な親⒞ＰＰ」に対抗し，勝利を手に入れた自分の主張を書き出し，自分のなかに定着させるため，出勤前や就寝前に自分に言い聞かせながら反復していき

ます。

　グループのなかで内なる「敵の攻撃」に，気が動転する人がいる場合には，その人が落ち着くまでの時間を予定に組み込んでいく必要があります。「批判的な親ⒸⓅ」が，クライエントへの支配力をもち続けるような極端なケースの場合（私は経験したことがありませんが），セラピストは，この「批判的な親ⒸⓅ」の特別な力を明らかにして，事態は必ず改善すると語り，クライエントが再び実習にとりかかる契約を結ぶように導きます。

＊　＊　＊

　「批判的な親ⒸⓅ」の実習は，感情の悩みを抱えている人たちに対するラジカル精神医学のアプローチの一つです。ラジカル精神医学は，人々が本来もっている力を「コンタクト＋認識＋行動」によって取り戻すことを目的としています。すなわち，

現実の世界でもつ力　＝　コンタクト　＋　認識　＋　行動

　シアンの本来もっている力とそれを実行する力は，「批判的な親ⒸⓅ」の絶えざる攻撃と非難の影響下にありました。「批判的な親ⒸⓅ」は，シアンに常に干渉し，評価し，判定を下すことでシアンの人間関係を弱体化させます。

　コンタクトとはこの場合，グループのメンバーからのサポートを意味します。また認識とは，「批判的な親ⒸⓅ」の抑圧的な影響を細かく知ること，行動は，シアンが「批判的な親ⒸⓅ」を追い出すためにとる行動を指しています。

　この三つの他，交流分析の三つのP（許可，保護，治療力）も関わっています。すなわち，「批判的な親ⒸⓅ」に対抗する許可，グループとセラピストのサポートによる保護，そしてセラピストの支えと助言による治療力です[訳注1]。

　私はこの実習から厄払いを連想したこともありました。そして実際，その過程には確かに厄払いに似ているいくつかの点もありますが，両者はまったく異なります。厄払いの儀式では，お祓いを受ける人は受け身です。しかしこの実習では，グループとセラピストのサポートを得て，シアンが主体的に自分の力

[訳注1] 原書では，参照先としてHPが示されていたが，現在は閲覧できない。Claude Steiner (1975) *Readings in Radical Psychiarty.* GROVE PRESS, INC. を参照。「コンタクト＋認識＋行動」については第1章「法則」に，許可については第8章に記してある。

と安定を取り戻します。受動的に助けられることと，自ら主体的に行動する上で助けを得ることには明らかな違いがあります。それは有名な格言，「魚を与えるのではなく，魚の釣り方を教えよ^{訳注2)}」にうまく表されていると言えるでしょう。

---

^{訳注2)} お腹を空かした人に，魚を与えると一時的に空腹を満たすが，釣りの道具を与え，釣り方を教えるなら，自らの力で魚を捕まえ，生涯食べていくことができるようになる。問題が本質的に解決する状態を描く老子の言葉『授人以魚　不如授人以漁』に由来する。

第12章

感情表現能力の実践トレーニング
——交流分析を感情に応用する——

　すでに前章で述べたことですが，交流分析創設期のエリック・バーンは，セラピーにおける感情面を特に強調してはいませんでした。バーンは，「子ども©」に関心をもち，敬意を払うことを教えましたが，人間の感情そのものには疑いの姿勢を示し，感情を課題として取り上げることはありませんでした。

　しかしながらバーンは，ストロークという新しい概念を生み出し，ストロークの交換を分析する方法をつくり上げていくなかで，人間の交流の感情面を研究する扉を開いたのです。感情表現能力のトレーニングは，交流分析を感情の学問に応用したものです。ここでは感情表現能力の定義と，その訓練方法の概要を紹介し，さまざまなコンテクストにおけるトレーニングを探究していきます。

感情表現能力の理論編

　20世紀初頭に，心理学の研究者が感情を研究課題とするのを嫌うようになった結果，感情は心理学や精神分析の実践から遠ざけられるようになりました。時には，招かれざる客，お邪魔虫，厄介者扱いされ，感情はすべての物事を塗りつぶし，支配し，文明を荒らす科学と技術の敵とさえ呼ばれました。それはイドで沸騰する大釜として追いやられ，人間の合理性と論理性を台無しにするものとみなされるようになりました。感情は，女性，子ども，有色人種にかけられた呪いとも呼ばれ，プロの洗練された語りに水を差し，セラピーにおいても秩序や方向性もなく邪魔をする存在とされていたのです。

　しかし最近になって，高度な技術を用いる行動心理学者たちにより，感情の研究は再び科学のフィールドに戻されました（National Advisory Mental

Health Council, 1995)。今では，感情と相関する顔の表情の微細な動きや，呼吸，発汗，心拍数，脳の活動も計測可能となり，さまざまな研究結果が書物として発表されるようになりました。

そのなかでも，ダニエル・ゴールマンの画期的な書『EQ こころの知能指数』（Goleman, 1996／邦訳：講談社，1996）の出現により，感情というテーマは再び注目を浴びるようになりました。

彼はこの世界的なベストセラー本のなかで，EQ（emotional quotient）という概念の開拓者であるジョン・D・メイヤーとピーター・サロベイ，そして他の研究者たちの研究結果をもとに，EQ が私たちの人生における満足や成功と密接な関係にあるという新たな説得力ある主張をしています（Mayers et al., 2008）。しかしながらゴールマンは，人が自分の EQ を洗練させる具体的な手法を提示してはいませんでした。

ゴールマンが著書を出版する頃，私は感情に対する自分なりの見解と切り口を発展させていました。私の最大の関心は感情の認識にあり，それゆえ，感情の認識の程度を表す尺度を開発しました。

感情認識スケール

感情認識という技能は，私が感情表現能力と呼ぶ，より大きな概念の土台となります。感情認識スケールは感情を認識する程度を，連続した 0 から100 パーセントの間で表します。

新生児の経験

人は感情に敏感で，おそらく混沌とした状態で人生をスタートさせます。感情は言語化することも制御することもできない，高揚した内部エネルギーとして意識され，経験されます。それは漠然としていますが，疑いなくリアルな現実なのです。この状態は，人間に限らず，犬，猫，馬，牛などの哺乳類をはじめ，他の生き物にも共通すると言ってよいと思われます。

この混沌として識別不能な状態から，言語能力と抽象化能力によって，人間のみが感情認識を高度に洗練させ，発展させてきました。逆に，トラウマによって感情が完全に麻痺し，その認識が低い次元に落ちてしまうこともありま

```
100％
？？？
はかりしれない可能性
相互作用
共　　感
因果関係
識　　別
-----------------言語と非言語の境界-----------------
混沌とした，新生児の頃の経験
身体的な感覚
無感覚
０％
```

図5　感情認識スケール

す。感情認識が洗練される方向と無感覚になる方向の幅は，感情認識スケール
尺度（図5）で表現されています。

言語と非言語の境界

　感情に関する情報を伝え交流する能力によって，人は洗練された感情認識を
発展させることができます。逆に言えば，感情についての対話なくして，感情
認識を洗練させることはほとんど不可能なのです。その対話の実現に役立つの
が，交流分析の手法です。交流を精緻に分析する系統だった技法，そして契約
に焦点を当てながら治療を進める交流分析の活用により，洗練された感情認識
を磨くために必要なコミュニケーション過程に取り組めるようになります。

　そのままでは言葉にならない感情を言葉にするためには，特別な社会環境が
必要です。それは，感情を正直に分かち合い，さまざまな角度から素直に論じ
合える人々と「成人Ⓐ」として交流することができる,「感情の存在そのものを
歓迎する」環境です。

　そして互いに細部に行き渡るまでの感情のあり方を知り，ふれ合い，探査
し，検証するには，（お世辞や過剰な気遣いなどを含む）あらゆる偽りとは言え
ないまでも誠実とは言えない感情表現をやめる必要があります。これを守って
初めて，さまざまな細かい感情の兆候に目を向け，識別し，共感をもった交流
が可能になるのです。

識別

　識別とは，さまざまな感情の違いとその違いの程度を感じ分けていく過程です。最初は，生後間もない頃の漠然とし混沌としている感情体験から，怒り，愛，恐れ，喜び，悲しみ，希望などのさまざまな感情を見分けられるようになります。さらに時に一つ，また二つの感情を同時に体験できることにも気づきます。

　たとえば，愛情と寂しさ，憎しみと恐れ，喜びと悲しみや怒り，恐れと希望など，基本的な感情が組み合わされた状態です。その上で，感情がどれほど強いものかという点についても気づくことが可能になります。たとえば，わずかな心配から恐怖まで，ちょっとした悲しさから強いうつ状態まで，また軽い微笑ましい気持ちから幸福感あふれる状態，好意から情熱的な愛など，感情のさまざまな強弱を識別できるようになります。

　識別が洗練されていくと，私たちはそれを言語に表せるようになっていきます。たとえば，「私はひどい悲しみのなかにいますが，まだ希望があります」また「私はあなたを深く愛しています。けれども，同時にあなたに恐れや怒りを抱いているのです」というようにです。

　感情の識別が豊富になるにつれて，私たちの感情は，多くても両手で数えられるほどの種類に絞られることがわかります。それは，たとえば悲しみ，幸せ，怒り，愛情，恐怖，罪悪感，恥，希望，絶望などです。そのほかに，感情とは思えないのですが，しばしば感情の世界に分類される感覚があります。たとえば，混乱している，恥をかいている，過小評価されている，愛されていない，等々です。

因果関係

　込み入った感情の要因とその強弱をはっきり理解できるようになると，自分たちがなぜひどく嫌ったり，恥ずかしさを感じたり，楽しく思ったりするか，その要因も自然にわかるようになります。ほとんど例外なく他人の行為がきっかけとなって自分のなかに感情が生まれるということは，感情が，個の所有でなく人々の間で互いにつながっていることを示すもので，その事実は認めざるをえません。

私たちは実際に相手の感情を起こすことができますし，その逆も同様です。相手の行為に自分の感情がどのように反応する傾向があるのかわかってきます。そして，私たちは，感じているその感情をなぜ感じるかを検証することによって，自分の感情についての理解が生まれ，それを言葉で表すこともできるようになります。

　たとえば，「あなたの話を中断するやり方に，怒りを感じます」。また「誠実な友であるあなたを，とても愛している。しかしよく嘘をつくので，あなたを信頼するわけにはいかないのです」「ジャックと別れるのは寂しいけれど，新たな関係に希望を感じる」などです。

共感

　感情の差異や強弱の識別が豊かに洗練され，またそれを引き起こしている原因の理解が増していくと，私たちの感情認識はその質感を繊細にとらえるようになり，周囲の人のそれと同質の感情を直感的に理解するようになります。

　感情表現能力がここまで洗練されると，他者の感情を直感的に理解できる状態になります。しかし，その直感は100パーセント正確なものではないので，信頼関係を築いた上で，相手と協力的に照合し，その直感がどの程度正確かを確認していきます。

　例えばこのように話を進めることができます。

　　ジョン：「最近，君が僕のことをもう好いていないという感じがする」
　　ジョアン：「いいえ，今もあなたのこと誠実な友として好きよ。でも，よく嘘をつくから，信頼するのが怖いの」

　ジョアンは僕のことが好きではない，というジョンの直感は一部合っていましたが全部ではありません。ジョンはジョアンに自分の感じたことを話し，それがどの程度正確かを確認したことで，自分の直感を磨きました。このように自分の直感を相手に確認していくことは，私たちの感情能力を伸ばすことにもなります。そして次第に他人がもっている感情の強さとその原因が，自分の感情と同じくらいにわかるようになります。

　私たちは他人の感情表現のサインを二つの次元で受け取ることができます。

一つは顔の筋肉と声の音色で。もう一つは脳のミラーニューロンが感覚的に相手の感情を受け止め，それを自動的に私たちの認識に伝えることで（Rizzolatti & Craighero, 2004; Ramachandran, 2006）。

　私たちが人に共感している時は，相手の感情を憶測するまでもなく，そのまま自分の感情のごとく感じます。他人の感情を自分のごとく感じる状態になると，自ずと他人の感情を無視したり粗末に扱ったりすることができなくなります。それは私たち人間にとって道義的にも社会的にも大切なことです。

相互作用に対する認識について

　輪郭がはっきりして，伝達力があり，内容を包括する器のような思考や概念と違って，感情は静的な出来事ではありません。感情は流れであり，化学反応であり，形のない細胞の原形質のようなものです。感情は他の感情と時に混じりあい，時に消え去り，時に大きくなったり，小さくなったりします。このような感情が人と人の間，そして人の内面にどのように作用しているかを認識するには，洗練された意識が必要です。

　私はこのようにお互いに影響を与え合う様子を相互作用に対する認識と呼んでいます。ここで言う感情の相互作用の認識とは，自分と相手というお互いの感情認識だけではありません。人と人の間に存在する雰囲気をとらえ，全体の傾向と個々の感情が影響し合う様子も感じ取れることを意味しています。

「？？？」──はかりしれない可能性

　感情を認識する洗練された発達が続くと，現段階では知られていないレベルの感情認識能力に到達する可能性があります。現在の世の中でも，植物や森，そして地球規模の生態系の苦しみに，自分も反応をしているという人もいます。この「？？？」と記した項は，楽しみでもある未知なる感情認識の展望を表すものです。この展開は可能であり，過小評価すべきものではありません。

　それではここから，生後の混沌とした体験が，認識化されていく過程を追っていくことにしましょう。

身体的な感覚

　出生時の混沌を経て，私たちが最初に経験するのは，身体的な感覚です。感

情認識のこの段階では，感情に身体的感覚が伴う通常の状態ではなく，感情は認識から除外され，身体的な感覚のみを体験します。これが感情認識の最初のレベルです。

　たとえば動悸を感じるが恐れという感情に気づいていない。胸に圧力を感じるがうつとしては意識していない。そしてのぼせ，寒気，腹痛，耳鳴り，またうずきや突然の痛みなどは，どれも感情が認識されていないために起こる身体的体験です。

　感情が認識されていない状態は決して珍しいことではなく，人は認識されない感情が引き起こす不快な身体的感覚をやわらげるために，アルコール，大麻，コーヒー，栄養ドリンク等，医師の処方が不要な薬からはじまって，医師の処方による薬，さらに非合法な薬まで用いることになります。薬によって，痛み，気分の悪さ，不安，いらだち，無気力，やる気のなさなどは一時的に著しく改善されることもありますが，副作用もあり，時には薬の相互作用による危険が伴うこともあります。

　ほとんどの人が，薬物によって感情に鈍感なままでいる方が，コントロールの効かない感情に振り回されるよりましと思うのは無理もありません。雇用する立場なら，コーヒーや鎮痛剤などを大量に使う人の方が，仕事中に泣いたり怒ったりするコントロール不能な人よりも，望ましいと思うのも当然なことです。

無感覚

　感情表現能力を身につけていない人に，何を感じているかと聞くと，困惑するか，冷たさや無感覚がありますと答えたりする傾向があります。それは，感情が認識に上がらないからです。この状態にいる人たちは感情という存在を認識できていません。たとえ本人が大変強い感情に支配されている状況にあっても，多くの場合それを意識することがなく，反対に，周りがその感情を感じていることがあります。この無感覚は麻酔のようなもので，歯科医の治療で痛みを抑える部分麻酔を思い出してもらえばわかりやすいと思います。

　このように抑えていた感情が，アルコールや薬物の影響で，突然出現することがあります。それは短く強い爆発となり，その後すぐに消えて再び無感覚となります。この無感覚を精神医学では**失感情症**（alexithymia）と言います。無

感覚は，強いトラウマが起きた場合，痛みを抑えるために一時的に生じますが，トラウマが一定期間を超えて続くと，慢性化することがあります。

＊＊＊

感情認識は，数値で表すことのできない流動的なものです。本章図5の感情認識スケールでは，感情認識の概念を段階として表していますが，感情はそれぞれの段階の間を流動的に動いています。感情は，スケールのどの地点へも動く可能性がありますが，人によってそれぞれの傾向があります。ある人は混沌に，他の人は無感覚に，また別の人は識別化や共鳴にいることが多いなどです。

感情表現の不可能な状態を，感情の極端な二つの段階として表すことができます（図5）。一方の極は感情が強く制御できない状態，他方は感情の不足や無感覚状態の極です。

無感覚，あるいは制御できない強い感情は，どちらも人の能力を深刻なレベルまで低下させる危険があります。無感覚の状態では，人は感情を含む動機づけが必要となるような決断ができません。反対に感情が混乱している状態にあれば，怒り，悲しみ，絶望，恐れまたは罪悪感，そして愛や喜びや希望が制御不能に落ちいることによって，人は絶えず乱されます。

感情表現能力と交流分析

感情認識は感情表現能力の大事な一部ですが，同義語ではありません。感情表現能力は，認識をふまえた感情の総合的マネージメントです。バーンが開発した交流分析の手法は，その過程を支えるのに適しており，その手法なしには感情表現能力を磨くのは難しいとも言えます。具体的に交流分析をどのように感情表現能力を育てるトレーニングに応用できるかについては，別に記していますが（Steiner, 1997, 2003），ここでその大まかな流れをご紹介いたします。

A. 協力に基づく契約を結ぶ
感情について正直に話し合う協力的な関係をつくるには，力を背景にした行為（パワープレイ）が常に排除されていることが必要です。

パワープレイのない信頼関係に基づく協力的な環境なしには，感情表現能力

を十分に教え，学ぶことはできません。

B. 感情表現能力を実行する交流の 4 つの段階

  1．許可（場をつくる）

  a）自分の感情を含む話をしたいが，それでよいか相手の許可をとる。

  b）感情を含む話をすることに同意する。

  2．ストローク（心を開く）

  a）自分や他人に肯定的なストロークを与える

  b）ストロークを求める。

  c）欲しいストロークを受け取り，欲しくないストロークを断る（欲しい
     ストロークと欲しくないストロークを区別する）

  3．情報（行為，感情，動機）

  a）相手の行為/感情の交流

   ⅰ）相手の行為によって引き起こされた自分の感情を，批判や非難を
      交えずに相手に伝える。

   ⅱ）聞く側は，自己防衛せず，恥や罪悪感や怒りをもたずに，自分の
      行為が，相手の特別な感情を引き起こす原因となったことを認め
      る。

  b）恐れと疑い

   ⅰ）批判や批評を交えずに，相手の行為が，自分にもたらした恐れや
      疑い（直感，パラノイド的想像）を相手に伝える。

   ⅱ）聞く側は，相手に起きた恐れと疑いを認め，それをもたらした原
      因が，たとえわずかでも自分にあったのではないかと考える。

  4．責任（お詫び）

  a）自分が不適切な行動をとった場合，それを認め，適切に謝り，許しを
     求める。

  b）聞き手は相手の詫びを受け入れるか断るか，許すか許さないかを決
     める。また行動の改善を求め，聞き入れてくれなければ許すのを見
     合わせる。

4つの段階に分けてご紹介した感情表現能力の交流は，後半にいくに従って

難度が上がります。感情を伴う交流を行う許可という最初の段階の交流は必修です。それ以外は順番に応用するものではなく，各項目をすべて行うことでもありません。状況に応じて，工夫して応用してもらうものです。特に4段目のお詫びはもっとも難しいものですが，与えられた順序にそってではなく，特に必要な時に限って行うものです。

現実社会における感情表現能力

感情表現能力の追求を目指す人々にとっては，それを実際の生活に導入し実践することがもっとも大きなチャレンジとなります。そのためには心からの誠実さ，創意工夫，柔軟性，創造性と勇気をもつ「感情の戦士」として生きることが必要です。

自他にストロークを求めたり与えたりする，自分の感情，恐れや疑いとそれらの原因について話す，確認をお願いし，お詫びの受け入れを依頼する，間違いを認める，相手に自分のお詫びを受け止めてもらう，許してもらう，これらすべては現実の社会で可能なことですが，双方の協力によって結ばれた契約に基づく合意がなければ，困難を伴うでしょう。

このような感情表現能力による交流を，そのまますべての実際の日常に適用するのは現実的ではありませんが，協力的な契約がなくても，これらすべてのことを行うのは可能であり，またどんな状況においても感情に関する対話の改善を続けることができます。

望んでいないストロークを断り，望むストロークを求めることができますし，誰かが同じことをくり返し行う場合，周りにいる人がどんな気持ちになるかを伝えることができます。お詫びを相手に伝えることもできますし，相手のお詫びを受け入れたり，または断ったりすることができます。

感情を排除する社会的風潮のなか，感情表現能力に関する著書が，今後は必要になるでしょうし，それが実現すれば，感情抑圧傾向のある今日の社会に対する大きな挑戦にもなると考えます。ほとんどの人は心のなかで，協力，正直，気づき，自然な自発性，親密さを望んでいます。

私たちはこのようにすでに共通の願いをもっているので，感情表現能力を日常に導入するのは考える以上に容易なことと思われます。時には残酷な現実の

世界であっても，感情表現能力はそのなかで生き，教えることができます。た
とえそれが完璧でなく，たどたどしいものであっても。感情表現能力が成長す
るあらゆる状況で，参加者は有益な情報を得て，時には感情を通じて，その温
かさ，居心地の良さ，そして人間の共通点に触れる感激を体験することができ
ます。

第13章

情報化時代の交流分析

　交流分析は，エリック・バーンが，先見性のある理論としてつくり出し，発展してきたものです。心理セラピーに効果的なアプローチを提供し，情報化時代の理論，心理学，心理療法で要となる課題を視野に入れていました。

　自己治癒力を基本とする療法家たちは，それまで信じられてきた無意識の動機を明らかにするよりも，有効な情報を効率的に取得し，適用することの結果として心理的変化が出現するという認識をもつようになりました。信念ではなく情報に基づいた知識を扱うこれからの情報時代において，情報交換の詳細な研究を専門とする交流分析は，心理学の中核となっていくでしょう。

脳が受けるプレッシャー

　心理療法は，必然的に情報とコミュニケーションをその中核にもつ，と一般に受け取られています。心理療法の始まりは，前世紀のはじめのジークムント・フロイトによる精神分析にあるのですが，フロイトはそれまでの医療で，身体の病気とされていたいくつかの病気が「話す治療」に反応すると確信しました。具体的には，脳と神経の異常とされた，恐怖症，強迫観念，不安，共感覚や麻痺等があげられていました。これらの病気を，単なる会話で治療するというフロイトの主張は当時前代未聞であり，過激な考えとされていました。

　フロイトの会話療法は，「モラル」療法と，「英雄的」医療の後に生まれたものです。それまでのモラル療法もその後続く英雄的医療も，人間の精神的な問題は脳の異常な圧の上昇によって引き起こされると理解されていました。英雄的療法（18世紀初期）では，患者が動かないように束縛し，意識状態を変える目的でショックや痛みを与えたり，また脳圧を下げるための下剤と瀉血，さら

には穿頭術（頭蓋骨に穴を開ける）などが，減圧療法として行われました
（Caplan, 1969）。

　その後に続くモラル療法（18～19世紀）は英雄的療法を避けながらも，精神
の異常を癒すには，脳の減圧が必要であるとなおも信じていました。その後，
脳の圧は身体的ではなく，むしろ社会的な原因によって生じると理解されるよ
うになりました。そのため，騒がしい都会から離れ，落ち着いた自然が多い環
境にある「療養所」で過ごすことが治療になる，という考えが広がりました。
そこでは音楽や絵画をはじめとする芸術の追究，そして非常に重要なことに，
院長と院長の家族，そしてスタッフとの，一緒に食事をする際の会話が治療の
重要な側面となりました。

　しかし，医師と患者の会話において，患者が抱えている問題に触れる試みは
ありませんでした。むしろ，イギリスの応接室の習慣や食後の会話の伝統的な
スタイルにちなんで，最近の手紙や政治の興味深い話題が巧みに取り上げられ
ました。自殺願望や依存症や精神疾患等，患者の抱える問題について触れるこ
とはなかったのです。それらの話題は不安をつくり出す恐れがあり，結果とし
て頭蓋内圧の改善ではなく，悪化をもたらすと思われていたからです。

　フロイトの「会話による治療」は，そんなモラル療法の最盛期に始まりまし
た。フロイトも治療の根源は抑圧の解放にあると，その点はこれまでの考えを
継承しつつも，その原因が精神的ないしは心理的な，性のエネルギーの抑圧に
あるとしました。

　フロイトが患者と一緒に追求した「会話」においては，それまでのモラル療
法のように，不快な話題を避けることはありませんでした。けれども，あえて
それらの話題をもち出すこともありませんでした。患者は自由に連想し，自由
に話し，頭に思い浮かぶことをそのまま口にするように奨励されました。

　しかし，精神分析の交流では，医師と患者間の情報の自由なやりとりはあっ
てはならないものとされていて，今日で言うコミュニケーションとは言い難い
ものでした。精神分析の理想は，医師が患者の後ろに静かに座って，一切発言
をしないことでした。そして，患者が医師自身に投影した誤った認識（転移と
理解されています）を分析したり，患者の夢や連想に潜む潜在意識の解読をす
ることが医師の役目でした。

　このような精神分析療法の目的は，幼児期のトラウマ体験によって閉じ込め

られた心のエネルギーの再構築，再編成でした。精神分析は，一人の人間の精神と思考のごく限られた部分を対象とし，その上さらに絞られた部分だけを対象にしていました。それに対して，患者は自由に連想し，思い浮かんだことをそのまま言葉にすることが役目でした。

　精神分析医は自らの発言をさらに制限していました。患者へ多くの情報を与えることを，有害と考えていたのです。

　それとは反対に患者の自由な会話によってエネルギーを解放し，精神分析による新たな意識編成を手助けすることが患者の助けになるとフロイトは思っていました。今日，効率的なコミュニケーションの重要な側面であるとされるフィードバックは，当時問題とはされていませんでした。

　コミュニケーションの観点からすれば，このようなやり方はまだまだ十分とは言えません。しかしながらフロイトは（それまでの薬物，外科手術やプラシーボを基本とする治療，さらにはインチキな療法とは対照的に），情報とフィードバックを用いた科学に基づく自己治癒への道を切り開きました。

　心の苦しみを軽減する新しいアプローチが，情報の必要に促された電話や通信機などの開発と時期を同じくして浮上したことは，決して偶然ではありません。もっとも親密で，親しい人にしか打ち明けられないような話を，家族や，牧師，家庭医を越えて見知らぬ医師に長々と話すことは，当時，実に衝撃的なことでした。

　映画，ラジオ，電話や新聞を通じて情報量が増すと共に，それまで守られていた沈黙が終わり，人々の会話する機会が増えました。そして情報化が勢いを増すにつれて，個人の会話も加速する傾向があり，現在，テレビのトークショーやソーシャルネットワークで，何百万もの人に向けて，自分の内面の思いや秘密を，喜んで，熱心に公表するようになりました。

情報化時代

　もっぱら患者が話すフロイトの会話治療の発明以降，精神療法における会話が注目を浴びるようになりました。それ以来，それまでの精神分析的な足かせを外し，平等性や，双方向のコミュニケーションとフィードバックを，いかに増していくかが課題となりました。

カール・ロジャーズによるクライエント中心の非指示的療法（1951）では，クライエントによる痛みや悩みの発言に耳を傾けたものの，その意味について掘り下げることはありませんでした。しかしロジャースは，セラピストが正直で肯定的な共感をもって「無条件の肯定的な関心」をクライエントに与えるようにしていたので，その結果，両者間のコミュニケーションの制限は緩やかになってきました。

　また，ハリー・スタック・サリバンが精神科医のインタビュー（1954）において，双方向のコミュニケーションの重要性を説いたことで，情報の解放に拍車がかかることになりましたが，それでも，実践においての双方向の自由なコミュニケーションの実現には至りませんでした。

　1962年，理性・情動療法を提示したアルバート・エリスは，情報とフィードバックの交換によるコミュニケーションをもつことによって，問題が解決されることを初めて証明したセラピストとなりました。

　情報をもとにした問題解決が治療手段としても認められるのと同じ頃，身体的にも精神的にも有効な情報が，より精巧な形で，信頼性も高められ，さらに利用しやすくなりました。

　現在，満足のいく心理セラピーを支える情報はさまざまな分野にわたっています。以下はそれらのほんの一例です。栄養と運動，合法，非合法薬物の影響と副作用，権力行使の不平等と乱用，高齢者や小児への感情的，身体的，性的な虐待，「安全な生活基盤」，性（ジェンダー），性同一性と性指向，文化と年齢，死と臨終といった分野の重要性等々の情報があります。しかし，セラピストの多くは現在でも，こうした知識や実践結果を活用していくよりも，気づきとカタルシスによって得るものの方が大きいと考えています。

　60年代はさまざまな分野における解放の時代と言われました。そこでは，女性，同性愛者，黒人，精神障害者や身体障害者など多方面に解放運動が広がっていました。その流れのなかで当時の心理療法にも，従来の精神分析と精神医学からの解放へ独自の歩みがありました。

　ラジカル療法とラジカル精神医学の運動家たち，そして，フリッツ・パールズ，アブラハム・マズロー，アルバート・エリス，エリック・バーンをはじめとするセラピストたちは，セラピストとクライエントの両者にとって，公平で双方向の会話の妨げとなる障壁を根底から取り除いていきました。

バーンは，交流分析の理論においても個人や病院のセラピーにおいても，セラピスト，クライエント双方が，同じ目線で双方向のコミュニケーションを実践するよう主張しました。

　私は，バーンの公表されたセラピーの会話例に基づいて，アルコール依存症と自殺願望のクライエントとの仕事を行うことにしました。そこで当時のセラピストが乗り気でなかった，クライエントに関する細部の出来事まで知る必要があると主張しました。

　たとえば，私はクライエントの飲酒の正確な程度や正確な自殺計画の情報を共有し，その情報をもとに彼らと「飲酒しない」，「自殺しない」という契約を結びました。クライエントの問題を議論するのは治療にならないどころか，自己破壊的な行動を引き起こすと信じ，沈黙を基本としていた当時の精神医学に対して，このような手法はどちらも挑戦的なものでした。

　私は反対に麻薬依存や自殺企画に関する情報の交換を恐れず，正確な情報をお互いに交わせば交わすほど，セラピーの効果が出て治癒が早まると考えました。こうして私は，自殺願望に対して「自殺をしない」という契約を結びはじめた最初のセラピストとなりました。1967年から始まり現在に至るまで，私のクライエントはありがたいことに一人も自殺を試みていません。

　当時，心理セラピストがオープンで率直なコミュニケーションをすることは，秩序に欠ける無謀な行為とされ，その上私のような医師ではないセラピストの場合はなおのことと思われていました。しかし，バーンはコミュニケーションを基本とするセラピーを行うため，それまでの精神分析療法理論を捨てていました。

　私は彼の先導についていっただけでした。バーンは，交流を刺激と反応に分けることによって，人々がどのように影響し合うかを知るとともに，コミュニケーションの動きを細かく分析することを可能にしました。また交流分析では，親から子へと受け継がれる情報は，人生を方向づける幼児期の人生決断を左右すると考えます。バーンは人生脚本の分析の前提を築きつつ，この伝達される情報が後々検証されていくことを想定していました。

　バーンは，クライエントを治癒というきわめて重要な状態に導くのは，交流分析のどのような手法によるかについて，詳しい仮説を示していませんでしたが，それが会話であることは明らかです。

しかし，バーンは具体的にどのような会話を進めたのでしょう。彼は「ストレート」な「成人Ⓐ」から「成人Ⓐ」への会話（現実にはあまりにもお目にかかることが少ない会話なので，バーンはこれを火星人の会話と呼んでいました），そして「親Ⓟ」が「子どもⒸ」の領域を侵さないような会話です。

　当時の精神科医としては前代未聞なスタイルですが，彼はセラピーの一環として，クライエント自身にセラピーの理論を教えました。そのため，バーン自身が理論をできるだけ明確でシンプルにしていく努力をすることとなりました。

　彼は，当時の精神分析や他の多くの治療は，神秘的で複雑すぎ混乱を招く危険があると考えていました。彼自身が単純化しすぎていると批判されると，「自分は，単純すぎる方が複雑すぎるより好き」と機知に富んだ答えをしました。バーンはもったいぶった専門用語で話す精神科医の表現をジャズと呼び，「もしあなたのクライエントが，あなたの言っていることがわからないなら，話す意味がないじゃない」と言ったこともありました（1969年頃，サンフランシスコのセミナーの個人的な会話）。

人はどうしたら変われるのでしょう？

　もちろん，それが問題なのです。本題に入る前に，プラシーボ効果の二面性について考えてみましょう。人間は，苦痛が一時的にでも軽減されるのなら，実際の効果の有無にかかわらず，経済的，倫理的，心理的，身体的なあらゆるものを試します。

　砂糖でできた薬でも，カリスマ性をもった治療者にそれをもらうと，重い病気が簡単に回復することがあります。また，治療者を初めて訪ねた時，そこでもし特別な効果，特別な理論や方法，特殊なグッズを提供されたりした場合は特に，その人の心理状態が一時的に改善することはよくあります（Shapiro & Shapiro, 2000）。

　このような現象はクライエント，治療者の双方に少なからぬ混乱をもたらします。初回治療で症状が改善した場合，患者は，その治療法が本当に有効か否かを問わず，また数週間後にはその効果が消え失せる場合でも，その治療法に大きな魅力を感じてしまいます。また治療者の方も，それがプラシーボ効果で

ある場合でも，確かに効いたと自信をもち，それによこしまな望みや金銭ずく
の自己欺瞞も加わって，立派なインチキ療法に突き進むことになりかねません。

　一方，真の効果と間違うような，それでいて間もなく消え失せるプラシーボ
効果の本質をよく理解している専門家は，それを使って治療をよい方向に導い
てゆきます。専門家が，プラシーボ効果をすぐにも真の変化と改善につなげる
という前提があるならば，治療の帆にプラシーボの風を受けて，楽観的に，大
きな期待をもって治療を始めるのも悪いことではありません。

　プラシーボ効果を考慮に入れないわけでは決してありませんが，バーンの会
話による治療の場合，その効果がプラシーボ効果だけによるものとは到底思わ
れませんでした。バーンの会話治療の何が人々に変化をもたらしたのでしょ
う？　バーン自身は会話が示す効果の機序について，簡単な理由を考えてはい
なかったようですが，私自身は彼の語ったものと書いたものから見て，「成人
Ⓐ」の強化と汚染の排除が疑いなく効果をもたらしたものと考えています。

　情報処理，確立性の予測（Berne, 1972, p.4 33）と現実の検証の機能をもつ，
中立的な神経ネットワークである「成人Ⓐ」の自我状態を力づけることができ
れば，人々は自分たちが置かれているゲームを理解でき，そしてそのゲームの
不健康な結末をも予測できます。また「よりよい交流が可能である」との確信
さえもつならば，「成人Ⓐ」は，ゲームをやめる手助けになるでしょう（Berne,
1972, p.303）。

　人がどのようにして「確信に至る」かははっきりしていません。それは思考
の再構築による気づきによるものなのか，それとも情報が行動の変化を生み，
その行動の変化によって新たな情報が発生する循環をつくり出すフィードバッ
クによるものなのか？

　バーンは，「子どもⒸ」の解放と「養育的な親ⓃⓅ」の強化を大切な要素とし
て確立したのですが，それは「成人Ⓐ」をどう理解するかということから派生
する二次的な問題であると考えました。これらの過程は情報やフィードバック
ではなく，セラピーを目的とした交流によるものです。それは「許可」（「子ど
もⒸ」の禁止令の解除）による「批判的な親ⒸⓅ」からの解放であったり，新
しい「親Ⓟ」の「構築」（親の自我状態をよりよい親に変える）によるものかも
しれません。

バーンの実用的な常識と事実をもとにするアプローチは，彼の最後のスピーチとなった1970年6月20日の，「親指にささったトゲ」に示されています。

　　　足の親指に刺さったトゲに似ています。刺さったところからバイ菌が入って，炎症が起こり，足をひきずるようになり，足の筋肉が硬くなります。そのまま歩き続けると，痛む足をかばうため，背中の筋肉も硬くなり，こんどはそのバランスをとろうとして頸も硬くなり，頭の筋肉に至り，じきに頭痛が出現します。

　　　炎症があるので，熱が出て，脈拍も早くなります。言い換えれば，この過程に，頭痛も含めて全人格が巻き込まれます。頭にきた当人は，トゲを放置したと言って他人に難くせをつけはじめます。その結果弁護士を訪ねて多くの時間を費やすかもしれません。そうなるとトゲの害は全人格に及びます。

　　　そこで彼は外科医を訪ねます。彼を診た外科医は言います。「これは大変なことです。身体全体がやられています。熱があり，呼吸も早く，また脈拍も早く，筋肉もやられています。はっきりしたことは言えません。あなたの取り組み次第でもありますが，治療期間は3，4年かかると思ってください。それくらいを目安にしていただければ，完治できるのではないかと思います」。

　　　クライエントは「ええっ，そんなにかかるんですか。わかりました。明日またご連絡差し上げます」と言い，違う医師を訪ねます。その医師は「あ，この足に入ったトゲで炎症を起こしていますね」と言いピンセットでトゲを抜きます。すると熱が下がり，脈拍が安定し，頭痛がやわらぎ，背中も足の筋肉痛もとれ，二日も経たないうちに通常の状態に戻りました。心理療法も同じです。トゲを探して，抜くのです。

(Berne, 1971, pp.6-13)

　「病気は身体全体に及んでいます。治るのに何年もかかるでしょう」と，当時の精神分析家をからかったバーンの治療法はと言えば，それはあまりに単純すぎると思われたかもしれません。けれども，交流分析を生み出した時のバーンの胸にあったのは，何よりも実際に役立つ治療法でした。

かつて自動車の整備士だった私には，バーンのやり方は非常に説得力あるアプローチに思えました。効果的な心理療法と，所有者が専門家の助けのもとに（プラシーボ効果なしに）自分で車を直す過程に類似点があると思いました。思うにその過程には三つの段階がありました。

- クライエントが何を直したいかを整理し明確にする（情報に基づいた契約）。
- 直すには何が必要かを明らかにする（情報に基づく診断）。
- 望んでいる修復を実現するために，必要な情報に基づく解決の手助けをする（情報に基づいた問題解決）。

原動力としての情報

　完結した行動理論に至るには，行動を生み出す力となる動機を明らかにする必要があります。バーンは人が他人との交流に向かうのは，刺激を必要としているからだと述べています。この時点で，バーンはすでに心理学と精神医学が20世紀に迎える中心的課題——情報飢餓を予想していたと私は考えます。

　バーンが理論確立の基盤とした思想は，「人間の精神が一貫した自我状態を維持できるか否かは，変化ある刺激を受けることにかかっている」というものです（Berne, 1961, p.83）。人間の組織には単なる刺激ではなく変化のある刺激が必要です。変化のない刺激を与え続けると，組織がやがてそれに適応し，ついには萎縮してしまうからです。

　この観察に基づき，バーンは「刺激飢餓」（p.85）とその結果生ずる「認識飢餓」（p.84）という概念を生み出しました。そして不足が社会に現れる現象を「構造飢餓」（p.85）と呼びました。「構造飢餓」とは，認識され刺激を受ける社会的環境や状況への渇望です。精神的な活力を維持するために刺激には変化が必要ですが，変化だけでは不十分であるとバーンは言います。単に刺激を不規則にするだけでは，変化のない刺激と同様にすぐにその効果が失われるからです。生命が探し求めるもの，そして，それによって動機づけられるものは，意味が吹き込まれた刺激，つまり情報なのです。

　刺激に関するバーンのこのような考えは，研究により裏づけられています。

1950年代，心理学者は，ねずみや猿や人間が刺激自体を報酬とすることを発見しました。この発見以前は，動物研究者の実験で報酬として使っていたのは，食べ物や水だけでした。空腹でのどが渇いた動物は，食べ物や水を得るために複雑な作業を熱心に学習します。そのため何千件もの学習実験が，お腹が空いてのどか乾いている猫，犬，そして猿を使って行われました。

　このような研究を進めるうちに，心理学者は，空腹でも，のどが渇いているわけでもない動物が，明かりがつくというような単純なごほうびの刺激をもらうために，実験とまさに同じパズルを解こうとすることに気づきました。この発見によって生まれた新しい仮説を，バーンはすでに熟知していました。食べ物と飲みものを得るだけが動因ではなく，刺激が不足すると，退屈にかり立てられ，刺激と未知への探検が生物の動因となります。

　人間にも同様の欲求があることは明らかです。心理学者のベクストンらは，被験者に平均以上の時給と食事を与え，小さな部屋で１日24時間，ほとんど何も見たり，聞いたり，触れたりすることなく，過ごしてもらう実験をしました。

　ほとんどの被験者は，８時間もするとどんどん気が滅入って，刺激を強く求めるようになりました。彼らは知的には大学生レベルでしたが，他にすることがないので，小学生向けの禁酒の話や古い株式市場レポートの録音をくり返し聞いていました。退屈をしのぐにも，それ以外の選択肢はなかったからです。彼らは通常の感覚が遮断された数時間後には，筋の通った話を考えることができなくなったと言い，勉強する意欲が復帰するには丸一日かかったと報告しています。

　人々が無人島や孤立した場所に取り残されるという出来事は豊富にありますし，それらの逸話は，そのような状況に置かれた場合，人間の刺激への欲求は尋常でなくなるということを証明しています。

　その後，刺激に対するさらなる研究がなされました。そこでは，感覚的な刺激から被験者を隔離するため，光や音がさえぎられた空間で，皮膚の温度に保たれた液体に浮かぶ，アイソレーションタンクという装置が使われました。結果として刺激から隔離された状態は精神に劇的な影響を及ぼし，時には「幻覚体験」を，ケースによってはLSD同様の「幻覚体験」も引き起こしました。

　人は切実に刺激を求め，極端にそれが奪われると，しばしばもっとも暗い水

底をさらってでも刺激をつくり出します。近年，拷問を与える人々は，いかに刺激遮断（ホワイト・トーチャーと呼ばれる感覚の遮断を用いた精神的拷問）が効果的に人を壊すかを学び（Cesereanu, 2006），ホワイト・トーチャーは，ジョージ・ブッシュのグアンタナモ収容所で広く使用されました。

　心理学者のバーラインとジョーンズは，刺激と情報の関係を研究するため，大学生を被験者とした一連の実験を行いました。その結果彼らは，被験者が単なる刺激でなく，情報，つまり内容を含む刺激を求めていることを証明しました。私たちは刺激を求めますが，それが内容のないものだった場合，刺激は私たちの欲求を満たす力を瞬時に失い，私たちはなおも飢えのなかにいます。このような絶え間ない刺激の追求は，「情報飢餓」と呼ぶのにふさわしいものです。

情報飢餓

　10年前，私はパワープレイを理解するためにプロパガンダ（組織的な宣伝活動）を研究していました。初期のプロパガンダを一見した限りでは，それは何も知らない人々を洗脳する陰謀だと考えていました。しかし，調べを進めるにつれて，人は単にプロパガンダの受動的被害者ではなく，プロパガンダを求め，歓迎し，プロパガンダがない時にはそれを自らつくり出す様子が浮き彫りとなりました。

　食べ物に置き換えると，栄養たっぷりの食品よりジャンクフードを好む行為，ストロークであればポジティブなストロークを得るのではなく危険なゲームを求めてしまうのと同じように，情報に飢えている人が誤った情報や偽情報（ジャンク情報）を求め，受け入れてしまい，真実で有効な情報をないがしろにしてしまうような状況でした。

　いずれの場合も持続的な飢えが存在している前提があり，人々はその飢えを満たすためにプロパガンダ伝道者を受け入れてしまい，同時にストローク独占者や食品会社がつくり出す有害な情報を受け入れ，さらには求めるようになるのでした。

　バーンの刺激飢餓という考えを拡大して，私はそこに情報飢餓を含めました。情報と言えば電話番号案内や最近ではグーグルを連想する方も多いでしょ

うが，情報の定義を明確にするために，人工頭脳学（サイバネティックス）の助けを借りる必要があります。人工頭脳学の数学者（Shannon & Weaver, 1963, p.12-13）により，情報は不確実性を減らす手段，専門用語としてはエントロピーの低減を意味するものと定義されました。エントロピーとは，宇宙のあらゆる場所における無秩序の度合いを表す尺度です。

　熱力学の二つ目の法則は，宇宙にあるすべてのものは衰退するというものです。容赦ないこの法則を覆そうとするのが生命力であり，自然の癒しの手であり，**自然治癒力**です。生命力は，太陽エネルギーを細胞に蓄積することで充電され，衰退とエントロピーに対する再生という終わりなき闘いを，その使命とするものです。

　ここで一例をあげましょう。あなたは台所で指を切ってしまいました。かなり深く切ってしまい，傷口から血が滴り流し台が赤く染まります。痛みを感じるよりも先にパニックに陥らないよう自分を制します。指を切るとすぐに自己回復が始まります。絆創膏で傷口を押さえ，二針くらい縫うだけで出血は止まり，血液は凝固し，かさぶたができ，皮膚は再生しはじめます。

　痛みがあるおかげであなたは傷口を動かさずに済み，そのまま安静にして清潔に保っておけば傷口はふさがり，切ったことを思い出させてくれる傷跡が残りはしますが，そのうち完全に治癒します。これは，いかに生命力が，生命を脅かしうる傷を癒すことで，無秩序状態に対して断固とした対応をとるかを示す一例です。

　もっとも基本的なレベルでは，生命力と情報は等価です。情報は，国，組織，職場，家族，対人関係など人生のすべてのレベルで，衰退に対抗するために機能します。人間のコミュニケーションのレベルでは，情報は精神的な力の崩壊を防ぐ働きをします。植物に酸素が必須であるように，情報は精神生活の燃料となります。情報がなければ確実に脳は死んでしまいます。ジャンク情報（誤情報や偽情報）は毒性のある情報で飢えを静め脳死を防ぎますが，精神生活や感情生活を混乱させ崩壊させます。

情報と交流分析，ストローク飢餓

　バーンによれば，刺激に対する飢えは，食，飲料，酸素不足（酸素を渇望す

る状態にまだ名前はありませんが）と同様に，人間の行動を動機づけます。

　この刺激に対する飢えは，親密さとして容易にまた健全な形で得られないため，刺激への飢えを隠れた交流，ゲーム，脚本で代わりに満たそうとし，「社会病理」を生み出します。

　この刺激に対する飢えとその現象を考えるなかで，バーン（1964, p.14）は認知の交換としてのストロークを生み出し，計量可能な交換の単位として定義しました。ストロークとその概念は，人間がもっとも必要とする根本的な刺激の形は愛と憎しみであることを，シンプルにそして見事に定義してみせました。

　ストロークは，私たち人間にとって力強い情報であり豊かな刺激の源です。それは間違いなく人間と猫，犬，馬などの高等動物の間でも交換することができるものであり，ストロークは恒温動物間の刺激と考える方がいいのかもしれません。しかしながら本来無限の源であるストロークは，ストローク経済によって商品やサービスとして矮小化され，売買，取引，交換，蓄積，そして独占されるものとなりました。

　ストロークは生物学的愛への欲求だけではなく，情報への欲求も満たします。ストロークは密に融合された力強い，自分自身への情報なのです。私たちがストロークや，意味を求める時，求めているものは象徴的で濃厚で人間的な形をした情報なのです。

　面白いことに，ストロークに関して言えることは情報に関しても言えるのです。有効で役に立つ建設的な情報に飢える時，私たちは毒性のある情報でも受け入れるようになり，情報経済により，情報が商品やサービスとして提供されます。その結果，一部の人は情報富裕者，一部の人は情報貧困者となるのですが，ほとんどの人は慢性的な情報飢餓の状態に置かれ，大量に栄養価値がないジャンク情報を消費していきます。

　幸いなことに情報の貧困化に抗する力強い働きがあります。インターネットでの検索機能（グーグルなど），ソーシャルネットワーク（フェースブックなど），そして玉石混淆のツイッターなどです。世界のどこであっても，コンピュータさえあれば，このような機能を提供する団体や企業が，誰もが容易に情報を取得できるようにしてくれています。

　情報過多社会となった現代の問題は，価値のないジャンク情報と有効な情報を分けることにあります。情報の分別に欠かせない観点の一つは，ソーシャル

ネットワークを通じて提供されるデジタル認識が，生物的な需要であるストロークの代用として適しているのかどうかということです。この問いは新しい科学であるサイバー心理学の中心的な課題です。

情報としての脚本メッセージ

情報はさまざまな形であらゆる方面から私たちに届き，人生は学ぶ機会に満ちています。私たちは常に豊富に流れている情報から，受け取る情報と無視する情報を分けるために，優先順位をつけていきます。私たちがどのメッセージをしっかりと受け止め，どのメッセージを見過ごしてよいとするかの判断基準は，さまざまな要因に影響されます。

幼い子どもが苦しい状況に置かれると，否応なく重要な決断を下さざるをえなくなります。多くの場合その決断が，生涯の歩みに影響を与えることになります。

しかしこの決断は，当時の限られた情報源と，無力な立場に置かれた状況においてのみ有効でした。時間とともに，取得できる情報や力関係が変化していくと，幼児期の決断は現在の状況に合わず必要もなくなってきます。それが問題となりえます。すでに必要もなく，効力しない内容になっているからです。これが人生脚本の本質です。

私は，子どもの頃に心に刻んだこのようなメッセージを明らかにするために脚本母型図（Steiner, 1966）を開発しました。それにバーンの自我状態を応用したことで多数の次元をもつ情報のやりとりの検証が可能になりました。

被験者の脚本は他人の自我状態が発したメッセージに基づくものですが，それらは伝達された禁止令や同様の意味をもつさまざまな要因によって形成されていきます。その一つは源となる人々の重要性（父，母，その他影響ある人々），もう一つはメッセージにつけられた強調点（罰，報酬，反復），そして被験者の無力さ加減と感受性の度合い（刷り込みの時期，恐れ，倦怠感，混乱，催眠状態）などです。このメッセージの発する源と内容の脚色，そして受け取る側の感受性が，被験者（通常は子ども）がそれらのメッセージをどのように取り込んでゆくかを決めることになります。

脚本メッセージは本質的に嘘で，誤った情報と偽情報よりなり，子どもの自

発性を制限し，力を弱めます。子どもは与えられたメッセージを，「親Ⓟ」，「成人Ⓐ」，「子どもⒸ」のどの自我状態でも受け止めることができますが，その際もっとも傷つきやすい自我状態は「子どもⒸ」です。

　誤った情報でつくられた脚本を更新する際，若者の「子どもⒸ」の自我状態は学びながら，行動を調整していきます。それは徐々に変化をしていくこともあれば，突然転換することもあります。突然の変化が起きる場合，脚本の「再決断」と呼ばれるのが一般的です。しかし多くの脚本の再決断，特に「平凡」な決断では徐々に変化が起こり，ドラマチックな決断の瞬間が存在するわけではないようです。

　脚本の再決断は，ドラマチックであっても，平凡であっても，正確な情報，変わってもよいという許可，そして変化を経験する過程で保護を得ること（第11章を参照）が必要です。

　脚本が人生の決定的な飛躍として形成されることがあるのと同じように，脚本の再決断も同じように進行することがあります。けれどもそうしたケースはまれで，多くの場合信念の短い展開とも言われる段階的変化です。

　これについては，メアリー＆ロバート・グールディングの『自己実現への再決断──TA・ゲシュタルト療法入門』（改訂版 Goulding & Goulding, 1997／初版邦訳：星和書店，1980）で説明されています。しかし，ほとんどの，脚本の変化は段階的，認知的そして行動的な変化のなかの一つの進化として起こります。

嘘と情報

　嘘とは，真実でないと知っていながらそれを言うこと，また真実であると思っていながらそれを隠すことです。嘘は権力を手にする手段として常に使われてきました。情報の無視や偽りは昔からある権力乱用の一形態です。嘘は意識的なパワープレイであり，特に今日の情報時代においてもっとも重大で破壊的な政治行為は，嘘を言うことです。

　嘘は常にコントロールを維持する手段であり，政治的な行為です。嘘は，継続的な権力行為と乱用の一部であり，人々をそれにさらします。すべての主要な宗教は嘘を禁止しています。それにもかかわらず，いかに教育熱心であって

も，また信心深くても，生まれた時からと言っていいほど，嘘をつく行為は私たちの日常の一部となっています。

　子どもたちが話せるようになるまでには，親は日常的に嘘をつき，社会に適応していくために，子どもたちに嘘をつくことを学ぶよう期待します。子どもに嘘はいけないと教えながら，自分たちは日常的に子どもに嘘をつき，子どもに正直でいるようにと言いながら，嘘とはいったい何か，嘘と真実の違いはどこにあるのか，そしてなぜ嘘は良くないのか，それらの説明を一切しません。

　私たちは，子どもたちに，また互いに，嘘をつくそれらしい理由を見つけ出します。子どもは真実を受け止めることができず，また望んでおらず，時に真実は彼らを傷つけるものだと考え（可哀相だという強力な理由をつけます），小さな善意の嘘は害がなく，むしろ真実から子どもを守る義務があるとさえ考えます。

　しかし嘘をつく本当の理由はこのような複雑なものではなく，もっと実用的な理由です。私たちが嘘をつくのは支配を維持するためなのです。正直であるには，嘘や偽りを使った自身の権力の乱用を直視し，その権力と欺瞞を手放すことが必要かもしれません。

　絶え間ない嘘の存在によって，私たちの世の中を知覚し理解し，世の中と効果的に関わる能力は，深刻なまでに損なわれています。いつ嘘をつき，いつ本音を言うべきかを天秤にかける行為は，私たちの精神的なエネルギーを浪費し続けます。嘘をつかれたなかから真実を探り出す行為も同様に，私たちのエネルギーを消耗させます。

　自分の直感を軽視し嘘を信じるならば，自分を非常に不利な状態に置くことになります。反対に嘘を信じまいと頑なになれば，被害妄想に陥り，精神の異常を引き起こす危機に面します。どちらの場合も，愛と信頼という基板が深刻に損なわれます。このような不確かさが，私たちの精神が最適な状態で機能するのを妨げるのです。

情報化時代の情報

　私たちは，精神的な受容力，効率を上げるための技術的知識を手にしているだけでなく，人間のもっとも基本的な飢え，すなわち情報に対する飢えを存分

に満たすことのできる，魔法のような時代に生きています。私たちは情報端末と処理機能，そしてネットワークと経済を手にしています。しかし残念なことに，さまざまな嘘にまみれたメディアの情報には大きな問題があります。テクノロジーによって増幅されていない嘘は有害ですが，対処することができます。しかし今日のハイテクに支えられたメディアによる嘘は，手に負えない存在になっています。

2001年から8年間アメリカ第43代大統領であったジョージ・ウォーカー・ブッシュの初めての選挙と再選がその証拠です。彼は，学歴の不備，非科学的で非論理的な観点，アルコール依存症，ベトナム戦争への兵役逃れ疑惑，疑わしい宗教心，そして事実を嫌うことでよく知られた人物でした。

しかしジョージ・ブッシュに関するこれらすべての事実は無視され，大統領に就任するほどの支持を得るまでになったのは，類い希なる広報戦略家，カール・ローヴの行った広報活動が見事なまでに効果的だったからです。

ブッシュは壊滅的で無意味な戦争を始め，4年間のまったくの失政の後，多くの嘘の助けによって次の選挙で再選されます。ブッシュの反対派であるジョン・カーの兵士としての経歴について，ありもしない嘘と偽りを積み上げたのです。人々が，信じてきたその嘘の規模と自分たちが犯した過ちに気づいたのは，ブッシュが世間の不評をかって退任した時であり，偽りの情報に踊らされていたと悟るのに8年もの長い時間が費やされました。

情報に対する人々の飢えがあるので，情報は膨大な利益を生む商品となりました。その商品で利益を得ている人たちは，より魅力的な情報の生産を続けます。それはまるで，ワインからコニャックへ，コカの葉からクラックへ，アヘンからヘロインへ，紙巻タバコから純度の高いマリファナ，ハシシへとドラッグの効力を増すように，非常に魅力的で強力な情報がデザインされ，生産され続けます。これに対する先天的な免疫というものはありません。私たちはジャンク情報から自分自身を守る手段を身につける必要があります。

幸い，大きな変化が訪れています。いくつかの団体や企業は正しい情報提供を重要と考え，誤情報が調整されるような情報を提供し情報の管理を重視しています。グーグル，ウィキペディア，数限りないブログ，ユーチューブなどが，ジャンク情報の蔓延に対する強力な解毒剤となっています。

もちろん，こうした団体や企業もまた大量のジャンク情報を流しているとい

う議論もありますが，重要なのは人々が幅広い選択肢のなかから自由に情報を選択できるようになっていくことです。

　嘘の情報を取り除くために，個人のレベルでできることは「ラジカルに真実を伝えること」です。ラジカルに真実を伝えるとは，どんな時でも嘘をつかないこと，そして，自分の欲求，感情，また信念を偽りなく言い表すことです。私たちが欺瞞に満ちた環境にいることを考慮すれば，ラジカルに真実を伝えることは，最初は，もっとも親密で信頼のおける人間関係で，またお互いの同意の上で初めて意味をなすプロジェクトと言えるでしょう。

　情報時代を真剣に受け止めようとするなら，私たちは嘘と真実についても真剣に考えてみなければなりません。情報について学べることはすべて学ばなければなりません。そして情報を読解し使い分ける力（リテラシー），すなわち，何が情報で何がノイズ（雑音，不要な情報）なのか，何が真実のごとくもっともらしいことで何が真実なのか，そしてその両者の違いを学ぶ必要があります（Steiner, 2003, p.22-227）。

　広告主や教師，政治家に期待する前に，私たち一人一人がこのことをまず家に近いところから，個人の領域で始めることが必要です。情報時代に大事なのは，自分自身がいつ，なぜ嘘をつき，そしていつ，なぜ嘘をつかれるのかを知ることです。

情報心理学と情報精神医学としての交流分析

ここで，ちょっとした話をみなさんにお伝えしたいと思います。

　　ジャングルのある村で，10人のうち8人が赤痢に感染しました。そこで，一人の医者が呼ばれました。町の中をざっと見て回った後，彼は長老たちを呼び出して言いました。「あなた方のトイレは川のそばにあるようですね。あなた方がやるべきことがわかりました。川から飲み水を汲む時は常にトイレより上流で汲んでください。それで問題は解決します」。

　　村人たちがこの基本的で一般的な公衆衛生の原則を守ると，流行はおさまりました。まだ20パーセントの村人が病気でしたが，その後，沸騰した水を使ったりトイレの場所を川から離れた場所にしたり，薬を使うといっ

た対策をとることで，病気をさらに15パーセント減らすことができました。

　では，この話が交流分析とどう関連するでしょうか？　近年の綿密な学術研究では，心理療法は一般に投薬治療と同等の効果があるが，どの療法も他の方法より優れていると言うことはできない，との見解を示しています。どの心理療法も効果があり，利用者は大体同じように満足しています。

　ここで私が強調したいことは，ほぼどの心理療法も，一般に有益なメンタルヘルスの原則をもち合わせていることです。セラピストは基本的に養育的で，クライエントに同調し，思いやりをもち，安心と安定感を提供します。クライエントは問題について話し，感情を発散できるよう力づけられることで，どのような問題であっても，問題の80パーセントは解決します。

　しかし，何回かセッションを進めていくうちに，これらの基本的手法の効果は次第に弱まっていきます。クライエントがそれぞれ置かれている固有の状況には，一般的な対処法を試してみてもそれ以上の効果は出ないので，それに特化した技能と高い水準の専門知識が必要になります。どのセラピストにも，自分の専門では対処しきれない領域があります。

　真に有能で，最新の情報や技術をもち合わせ，改善すべきどのような状況にも対処できるというセラピストもまれにいます。このようなセラピストは，自分の専門領域とクライエントの状況を鑑みて，問題が解決できそうにない時はすぐにそうと理解します。彼らは達成することが難しい契約は辞退します。

　私は，適切な訓練を受けた交流分析家は，今日手に入る最高レベルの情報と専門技能を利用できる人たちであると考えています。この確信はテッド・ノーヴェイによる2回の調査（Novey, 2002）によって強力に支持されています。

　交流分析セラピーの利用者に対して調査が行われ，その結果を消費者レポートの手法と膨大なデータベースを用いて分析したところ，精神科医，心理学者，結婚カウンセラー，医師，精神分析的心理療法家など他のどの心理療法の利用者よりも，交流分析の利用者の方がはるかにその満足度が高いことが判明しました。2度目の調査は国を越えたより広範囲の調査でしたが，ノーヴェイによれば，その結果はさらに好ましいものであったということでした。

　どの治療法も同じ程度の満足度を達成しているなか，それを用いる人々の交

流分析の満足度が特に高い理由は何でしょう？　ノーヴェイの仮説（2005年の私信より）によれば，それは交流分析のグループトレーニングとスーパービジョンのクオリティに関係があるようです。

　私は，交流分析の強力な理論と方法論をこれに付け加えたいと思います。交流分析は情報に基づいた行動認知学の心理療法です。交流分析は，OK，ストローク，自我状態，ドラマの三角形，ゲームおよび脚本といった概念による理論とあわせて交流の分析をし，契約を結びます。ノーヴェイが示す調査結果をもたらしたのは，交流分析のトレーニングに組み込まれている，このような理論と技法だと私は考えています。

第Ⅲ部のまとめ

　ダイナミックで，発展し続ける理論である交流分析の現状に，交流分析に携わる人々の多くは，もどかしい思いをしているようです。私自身，一時，交流分析は全盛期を過ぎたと考えていました。それは，交流分析の考え方の多くが専門家や一般社会に静かに取り込まれながらも，その核心となる交流分析の全体像が見過ごされ，20世紀の精神医学理論に居場所を得ることができなかったからです。

　私は交流分析はそれでよいのだと考えていました。そして交流分析から一旦離れ，プロパガンダ，ジャーナリズムそして中央アメリカの政治を対象にパワープレイに対する興味を追求しました。けれども情報時代の幕開けにおけるメディアと情報の研究者としての観点に立ってみると，私は交流分析がまったく新しい光に照らされているのを知ったのです。それは情報時代における先見の明をもった心理学と精神医学の理論としての姿でした。

　そして世界が21世紀を迎え，誰もが，迫りくるこの世紀の変化にどのように影響されるかという問いに立たされる時，交流分析に携わる私たちのもとには，今ようやく明らかになりはじめたすばらしい遺産があります。私たちは，自由と平等のもとに人々に力を与える情報時代の心理学と精神医学という道具と，それを使える賢明さをすでに手にしているのです。

要約としての補稿
──セラピストのみなさんへ──

　この章は，1995年に書いた「30年にわたる心理療法と交流分析の経験を1500字にまとめる（*Thirty Years of Psychotherapy and Transactional Analysis in 1,500 Words or Less*）」を改訂したものです。1995年当時の記事は，挑発的な語調でしたが，根拠ある見解を確実に示すものでした。私自身の姿勢が今は成熟したことを願いながら，ここで細心の注意を払い，みなさんの考察に役立つように新たに書き起こしました。

　交流分析は，セラピスト，教育者，コンサルタント，コーチなどの活動で広く採用されてきましたが，もともと心理療法の一様式として開発されたものです。そこでこの章を，特にセラピストの方々に向けての文章としました。

　本書で私の最終見解として，ここまで述べてきた契約や自我状態，ゲーム，脚本，批判的な親 Ⓒ Ⓟ，ストロークなどにおける，もう一つの側面を示したいと思います。興味がある方は，ぜひ下記のまとめをお読みいただければ幸いです。

　それまで仕事にしていた自動車整備に続いて心理療法に取り組むことは，私にとってごく自然な流れでした。もちろん，自動車の修理にはプラシーボ効果や自然の働きによる治癒力の力添えはないのですが，自動車の修理と人間の治療にはよく似たところがあります。

　バーンに託されたことの根本である「患者を癒す」というコンセプトは，私の仕事の基本とよく似ていました。自動車の場合，まずお客さんが自動車をもち込み，整備士がボンネットの下を確認して問題を特定し，修理して，最後に請求書を発行します。エリック・バーンの最後となった1970年の講義が証明しているように，彼は最後まで患者の癒しを前提としていました（第13章「人はどうしたら変われるのでしょう？」[Berne, 1971]）。

40年前から，誠実な姿勢で，もっとも優れた理論である交流分析を学び続けてきたことによって，私は優れた技術と十分な知恵を身につけ，優秀なセラピストになることができたと自負しています。心理療法を始める前，何年かにわたり自動車整備の仕事で生計を立てていた頃，修理や整備にありがちな多くの些細な，そして時には大きな，誠実さに欠ける行為を見てきました。

　たとえば，おざなりな整備に対する過剰な請求，問題の深刻さを大げさに言い，それを解決した自分の技能をひけらかすこと，お客を依存させるような関係や時には色じかけを含む関係，問題について知ったかぶりをする，勤務中に居眠りをする，修理工程を理解しようとしている客を侮辱し，難解な専門語を浴びせて混乱させたり，見栄を張って，無知や誤りをなかったことにしたり，といった行為です。

　これらは，さまざまな形をとった嘘やパワープレイ，あるいは純粋な怠惰です。自動車整備士としてこのような行為を目の当たりにし，時にはそれに加担したと言えるような経験のおかげで，私はセラピストとしてこれらの問題を察知し，避けることができました。

　「患者を癒す」という根本規範をはじめとして，エリック・バーンの原理に賛同する私たちセラピストは，初めてのセッションからその実現に向けて実践に励みます。うまくいかなければ，帰宅して考え，次のセッションで改めて試すということを，多くの場合1年か2年，仕事が終了するまでくり返します。

　再度強調します。交流分析の唯一のゴールは「契約の達成」，ということです。あらゆる専門性をもつプロ同様に，有能な交流分析家は，常に達成目標にのみ焦点を合わせて仕事を進めます。

　心理療法を成功させるには，姿勢，技術，情報という三つのもっとも重要な要素の関与があると私は思っています。正しい姿勢，もっとも効果的な技術，そしてもっとも正確な情報によって，治療は契約された治癒を達成するために最大限の効果を発揮します。

　この三つの要因が欠ける場合，頼りになるのは「ナイスの力」です。クライエントの助けになろうとする善意の人々がセラピーを行っているので（クライエントの銀行口座に損害を与えることを抜きにすると）そこでいかなる害も生まれず，その上常に存在する自然治癒力により，三分の一のクライエントはセラピストのセラピーと無関係に治癒に向かいます。

姿　勢

セラピストの姿勢は，三つの要素のうちクライエントがもっとも早い段階で認識する要素なので，他の二つよりも重要度が高くなります。

「批判的な親 ⓒⓟ」のない姿勢

毒のある環境で成長できるものはありません。「批判的な親ⓒⓟ」の介入する余地のない安心して信頼できる交流，「批判的な親ⓒⓟ」の影もない環境をつくることが重要です。

心理療法の研修ではほとんどの場合，快活で好意的，そしてできるだけ寛容的な姿勢を身につけるよう教えられます。しかし，絶対的な大前提とされているこのような姿勢は，真に有効な心理療法に必要な，大脳辺縁領域の共鳴を起こすと確約できるほど確実なものではありません。

「批判的な親ⓒⓟ」がまったく存在しない場所では，パワープレイ，特に嘘は存在しません。これに例外はありません。相手を傷つける意図がない嘘も，自己防衛のための嘘も，「治療目的の」嘘も存在しないのです。さらに重要な事実を隠すために何かを言わないという嘘も，曖昧さをつくり出す逆説的な表現も存在しません。それがいかに善意や治療のためになると考えられても，私たちセラピスト自身が何を望み，そしてどのように感じているかについても偽りは存在しないのです。

「批判的な親ⓒⓟ」，敵，抑圧者，内なる批判者などの専門用語に与えられているこじつけのような説明を，私は容認しています。しかし，「批判的な親ⓒⓟ」のまったく存在しない環境は必要不可欠であり，そのことには議論の余地はありません。「批判的な親ⓒⓟ」がまったく存在しない環境は，大脳辺縁系に好ましい変化を促し，幼児決断を覆すことを可能にし，自然治癒力をもつ「子どもⓒ」の本来のエネルギーを解放します。

「批判的な親ⓒⓟ」がまったく存在しない環境では，偏見にもとづく否定的な評価は存在しません。もっとも大切なことは，私たちが憤りや怒りがない状態であり続けることです。憤りや怒りは，交流分析で言う「救援」の避け難い結果ですので，それはまったくセラピストの責任というべきものです。

救援とは，自分の分担以上のこと，または自分がやりたくないことをすることであり，これは必然的に迫害へとつながる，治療においてあってはならない過ちです。

　「批判的な親ⒸⓅ」が存在しない状況を維持するとは，まずセラピスト自身がそうなることを指します。つまり，セラピスト自身が真実に加えたり省いたりする自分の嘘に気づいた時，また自分が「批判的な親ⒸⓅ」が下すような評価や，憤りや怒りを抱いたり，一緒に仕事をしたくないと思うクライエントとやむなく仕事を続ける時，セラピストはすぐにでも状況を修正するためのスーパービジョン（指導者のサポート）を受ける必要があるということです〔訳注：「救援者」は5章ドラマ三角形を参照〕。

養育的な姿勢

　正しい姿勢とは，主に積極的かつ愛育的で，養育的な親の体現にあります。それは温かく保護的で，「あなたと自然が癒しを行っている間，私はあなたを見守り支えます」という，母性的，父性的，兄弟的，姉妹的，これらがすべて混ざった無条件の愛です。

　そしてその愛は，希望を失い，悲しみ，落胆し，怯えた「子どもⒸ」に希望と力を吹き込み，自分から立ち直り歩み出させることのできる，人間のもつただ一つの力です。有効な治療の技能は自他両方への愛に基づいているため，この養育的な姿勢は，自分にも，クライエントにも向けられていなければなりません。

成人Ⓐとしての姿勢

　他者そして自己への愛は，望ましい治療のために必要不可欠です。そして，有効な治療に必要な三つ目の要素は真実への愛です。交流分析士は，新しいそして矛盾する情報を受け入れながら，しっかりと自分の足で立ち，安定した実用的な寛容さをもつ必要があります。

　この姿勢を維持するために，セラピストは自分の信念を見失わない冷静で不屈な精神をもつと同時に，新しい事実や状況に合わせて，すぐにも自分の認識や意見を変えることのできる柔軟で寛容な心を併せもつことが必要です。現実との対決をいとわず，「批判的な親ⒸⓅ」を拒否し，適切で養育的な親の心をも

ち，汚染されない「成人Ⓐ」の指針に従って生きるのが正しい姿勢である，というのが私の考えです。

技　術

　ここで対象とする技術とはもちろん交流分析のそれであり，つまり（初歩的な内容の反復となることをお許し下さい）交流を分析する技術のことです。私たちが主とする分析対象は，自我状態や個人の歴史ではありません（有意義で実用的な場合は多々ありますが，分析を進めるための主要な対象ではありません）。また精神や精神療法も交流分析の対象ではありません。

　これらは一時試されましたが，効果的な理論と技法の確立に適していないということで，特にバーン自身によって除外されました（もし自分を交流分析士と呼びたいのであれば，精神分析的な考えや言葉遣いに逆戻りすべきではありません）。くり返しになりますが，交流分析的療法の三つの技術とは，契約，質問，そして癒しの交流です。

契約

　契約とは心理療法における基本的なフィードバックシステムで，セラピーの目標と，その目標達成のための条件を定めるものです。このシステムは，簡単で理解しやすい言葉を使うことによって，セラピストとクライエントの意思疎通を図る場をつくり，セラピーの進行を確認し調整することを可能にします。

　セラピー契約の明らかな利点や一般的にも知られている有意義な効果を別にしても，契約はセラピーを，それがないものとは根本的に異なるものにします。契約に基づくセラピーは，情報時代のポストモダン的な心理療法として，最先端に位置づけされるでしょう。

　実際，近代のセラピー利用者は，「偽りの事実」を抱えているさまざまなセラピーの方法論に疑いをもちはじめ，替わりに確かな結果を求めています。野心的なセラピストの数に対し，彼らの生活を支えるクライエントの数が少なくなっている現在，古い，また試されたことも裏づけもない方法論と技術は自ずと消えていくでしょう。

質問

　よいセラピストは,「診断を下す」かわりに質問を続けます。つまり，効果的なセラピーでは「統合失調症」,「境界線」,「受動的」,「汚染された」,「敗者」,「ラケット」などといった，中傷ともなりえるようなむなしい専門用語は一切使わないということです。

　私たちは，相手に対して精神医学的な診断を下そうとするのではなく，まずはお互いの信頼関係を築き，クライエントが本音で答えることができる安心感をつくることが大切です。クライエントが正直に話し，隠し事をする必要はないと素直に思えるならば，セラピストは，深く，恐れのない，そして本質をつくような問いかけによって，クライエントに本当は何が起きているのかを理解するための，意味のある情報を手に入れることができます。そのような情報があれば，便利な DSM-IV で形式的に患者を分類するのではなく，クライエントについての明晰で立体的なイメージをもって，真に相手を理解することができます。

　クライエントに関するすべての詳細な情報が全体像をつくり出す，ホログラムのような立体的イメージは，既存の診断マニュアルでは不可能な，一人ひとりのクライエントに合わせた，創作的で，フィードバックにオープンで自動的な修正機能をもつ，効果的な治療計画をつくるのに役立ちます。

癒しのある交流

　すると次の質問が浮かんできます。「クライエントに癒しが起きるために，何をすべきか？」。癒しは10章で詳細に紹介した三つの要素，許可，保護と治療力から成ります（もしこの部分のくり返しが不要な場合は，ここから次のテーマ「情報」に飛んでください）。

①許可

　バーンは普遍的な原理を次のように隠喩としてまとめました。「人々は王子や姫として生まれてきたのに彼らの親によってカエルに変えられてしまう！」と。これはカエルとなった子どもを，交流分析士のキスによってもとの王子と姫に戻すことができるということを意味しています。

　つまり，交流分析の過程には，幼少期の体験による人生への深い影響の逆を

行うことが組み込まれています。幼い時に認識できる情報は限られており，感情的にも敏感なため，この幼少期の体験は，後にトラウマを伴う人生の決断を引き起こします。

　許可とは，セラピストがクライエントに新しい情報を提供することによって，人を信頼する，新たな人間とふれ合う，自己を自ら保つ，学ぶ，心の底にある感情と望みを表現する，自分自身を傷つけ毒を与えるのをやめるなど，クライエントが新たな人生の決断ができるように，過去の決断を無効にする提案をすることです。セラピストがこの許可を与え続けることにより，セラピーでは，自然に起きる治癒の過程が守られます。

②保護

　暴力と支配という「批判的な親ⒸⓅ」の文化は，健康への道を妨げます。「批判的な親ⒸⓅ」に基づく交流は，この有毒な文化を繁殖させ強化します。クライエントに，「批判的な親ⒸⓅ」を無視してよいという許可を与えた後のセラピストの仕事は，内なるまた外なる「批判的な親ⒸⓅ」からの保護（第10章参照）を与え，「許可」によるポジティブな精神的変化を守ることです。

③治療力

　許可と保護を合わせた機能が，自然治癒を促進するセラピストの治療力を決定します。事実，セラピストの働きによっては，自然の奇跡とも言える自己治癒力は役目を果たせない可能性もあります。

　自己治癒力は小さな問題を克服することはできますが，限度があるのです。例えば，人間は指の小さな切り傷から敗血症で死ぬことがあります。精神的な傷も同じで，たとえ小さくても，後に大きな影響を与える可能性があります。自然は有能なセラピストの手伝いを得れば，健康を再構築することができますが，もし継続的なトラウマにセラピストの無能が加われば，自然治癒力も敗北に至ります。

　現在の心理療法ではこのような能力不足は，一方ではセラピストの受動的な姿勢や怠慢，他方では過量投薬や誤投薬，ことに多剤処方などによります。治療力のあるセラピストの役目は，これらの有害な影響を避け，自然の働きによる癒しを守ることです。

　治療力のもっとも大きな障害は**傲慢**さです。利己的な傲慢さをもつセラピストは，自分を腰の低いファシリテーターではなく，癒しの源泉であると考えま

す。逆に，クライエントへの愛，自分への愛，そして真実への愛など，愛は治療力の最高の促進剤です。

情　報

　よい心理療法の三つ目の，そして最後の要素は良質で有効な「情報」です。心理学がかつて脳への抑圧を開頭術や瀉血，または単なる会話によって癒せると信じていた時から現在まで，長い道のりを歩んできたと思います。契約を熟知している現代の利用者は，有効で実用的で，建設的な情報がやりとりされることを期待しているので，今まで以上に適切な対応が必要となります。
　私は心理療法を実践するための免許を取得してからの50年間，この職のために何が役に立ち，何が役に立たないかについてたくさん学んできました。効果的なセラピーを追求するため，次の4つの分野で，私たちは重要な情報を得ることができます（調査か体験による）。

身体と心
①ストローク
　精神と身体の健康には，たくさんの肯定的ストロークが不可欠です。驚くべきことにうつ病は，ストローク不足，運動不足，住宅環境の悪さ，問題のある勤務状況や無職が原因で発生します。ストローク，運動，よい住宅とよい仕事は，抗うつ剤プロザックより効果があることでしょう。治癒への過程を進めるにあたって必要なストロークとサポートを提供できるのは，契約を基本とした交流分析療法のチームです。
②感情表現能力
　感情は，精神生活を体現するものです。効果的な生活を送るには，自分や他人の感情を知ることが必要不可欠です。再び驚くべきことに，私はあなたに良いまたは悪い感情を引き起こすことができ，また引き起こさないこともできます。
③私たちは動物である
　猿の子孫として私たちが望むもの，やっていることの多くは，私たちの動物性と欲求に根ざしています。近代的で自由と平等の理念に基づく協力的な社会

において，助け合いと満足な生活状況のためにこれらの本能的な欲求を飼い慣らすには，私たちはまずその欲求を認める必要があります。

④ 私たちが食べるもの，それが私たちである

私たちの心身の健康は食物に関連があります。ジャンクフードが精神面にも有害であるように「情報ジャンク」も有害です。同様に，ニコチン，カフェイン，市販薬および処方薬，違法薬物，そして何よりもアルコールの不適切な使用は精神に害を及ぼします。よい仕事をするセラピストは薬物中毒，薬物依存，適切な薬物の使用法，節酒等に関する十分な理解が必要になります。

力の乱用

権力と権力関係——虐待的または協力的な関係——は人生の重要な側面であり，感情面での健康状態に大きな影響をもちます。

①パワープレイがないこと

私たちは，人の上に立つこと，下になること，そして平等の関係にあることの違いを理解する必要があります。セラピーにおけるの力の乱用，特に性的な関係における力の乱用は，完全に回避しなければいけません。小さな怒りや感情的な暴力，嫌がらせも同様です。

②火星と金星

ほとんどの夫婦やカップルの問題は，性の違いによるものです。優れたセラピストは性差別，フェミニズム，メンズリブ（男性解放論）そして異性同士の関係に影響を及ぼす性差の重要性とその影響の大きさを，熟知している必要があります。

③抑圧

マイノリティの一員であることは，人生の決定的要因です。若者や老人，貧困層，ゲイやレズビアン，肥満，障害者，発展途上国に住む人々，その他の社会的立場の弱い人々を圧迫する，有毒で多くは暴力的な抑圧を理解している必要があります。

④子どもへの性的虐待

フロイトが，成人女性が過去の性的虐待を想起するのは，性的虐待をされたいという本能的欲求を無意識に空想するからだとした致命的に誤った理論は，児童の性的・感情的虐待に関する話題をセラピストの間から葬りました。現実

には，多くのクライエントが，男女を問わず子どもの頃に性的・感情的な虐待を受けています。これは，対処が必要な課題ですが，権利章典〔訳注：合衆国憲法中の人権保障規定のこと〕に書かれているように，記憶は証拠にならず，被疑者は有罪であることが証明されるまで無罪であるということを忘れてはなりません。

超越

出生から死亡までの人生の歩みのさまざまな段階を理解することは，新しく，そして重要な知識の分野です。それには，人生の通り道，人生の危機，誕生，老化と死，グリーフケア，喪の作業に対する理解が必要です。自殺は深刻な問題として取り組まなければなりません。精神性，価値観，宗教的経験，以前の自身を超えていく力は，効果的な実践において欠かすことのできない主題です。

なぜ交流分析なのか？

特定の望ましい結果をもたらすのに役立つ技法は，無限に増殖していますが，いくつかの技法を紹介したいと思います。

認知・行動的アプローチ，ホームワーク，ロールプレイとサイコドラマ，アサーティブネストレーニング（自己主張訓練），バイオフィードバック，リラクゼーション，イメージ療法，バイオエネルギー療法，瞑想，関係改善（夫婦や家族など）の隔離療法，やその他の家族や人間関係におけるメンタルヘルスの予防対策，そして最後に「批判的な親⒞⒫」の克服があります。これらの手法はどれも，「許可」と「保護」の過程を促進していく上で有効です。

では交流分析はこの過程に，どのような貢献ができるでしょうか？　実のところ，交流分析士はこれらの過程に貢献できる適切な準備ができています。具体的には次のとおりです。

- 私たちは情報交換の媒体として交流の過程を観察し，分析するトレーニングを積んでいます。
- 私たちは，三つの異なる自我状態がつくり出す交流のニュアンス，またそれぞれの間で交流する三つの意味のレベル（自我状態）を区別するよ

うに訓練されています。「成人Ⓐ」から「成人Ⓐ」への自我状態のやりとりと比べて，「親Ⓟ」と「子どもⒸ」の自我状態のやりとりの独特な特徴を理解しています。

- 私たちは交流における病理を理解しています。コミュニケーションの試みが，いかにゲームへと変わっていくのか，そしてこのゲームでくり返される有害な情報と有害なストロークの交換を止めるために，どのような手助けをすべきかを知っています。また，人を愛し，愛されるのに必要な技術をもっています。
- 私たちはポジティブなストロークが豊富な健全な交流の特徴，そして人がそのような交流に能動的に関われるようにする許可と保護の与え方を知っています。私たちは，嘘の対処の仕方や，嘘をやめ他人の嘘も受け止めないようにする方法を知っています。
- 私たちはセラピー契約の成立の方法と，その重要性を熟知しています。契約の履行という実際的な達成を必要とする目標は，意見，推測，偏見，誤情報などではなく，正しい情報を活用することを促します。

　誠実なセラピストは，心を込めて，生計を立てるために仕事に取り組みます。そのようなセラピストは，最終的な結果は自然がもたらす治癒力，自分の人生を自ら変えようとするクライエントの努力，そしてセラピストの指導と技術，すべてそろって初めて成り立つことを理解しているため，謙虚です。

　毎回のセッションにおいてどのような進歩があったか，その過程を丁寧に分析し，最新の情報をクライエントに伝えた上で，肯定的な変化があったことを素直に喜び，クライエントと分かち合います。また，クライエントが一人ひとり違う性質をもっていることを認識し，各々の困難に対応する，独創性のある処置を施します。

　セラピストはクライエントに「変わってもよい」という「許可」を与え，新しい道を歩む際，その都度新しく特異な妨害をしてくる悪魔から保護します。そしてセラピストは常に全体の過程に気を配り，目標を達成することに集中し続けます。真実を愛するので，セラピーの効果が良くても，悪くても，あるいはなくても，その効果を客観的にとらえる視点を保ちます。

　私たちが効果的で，生産的でポストモダン的な，魂を癒すヒーラーになるた

めに身につけなければならない要素は，愛と効果的な技術，そして有効な情報だけです。大変シンプルではありませんか？　何かご質問は？

　私はバーンの考えのうち，特定の概念を仕事の基礎としています。バーンは，私や彼の同僚に話す時，よく彼独特のおどけた言葉遣いをしましたが，その多くは文面によるものではなく会話によるものでした。以下にそのような表現をゴチックで記します。

①人間には三つの使える自我状態，「親Ⓟ」，「成人Ⓐ」，「子どもⒸ」があります。一つひとつが特定の，それぞれ重要な機能をもっています。
　「人は誰でも，1人にして3人です」

②人は誰もが，客観的で情報処理機能と問題解決能力を有する「成人Ⓐ」をもっていて，それを発達・改善することができます。
　「『成人Ⓐ』は人間のコンピュータです。問題がある時には，考えること！」

③すべての人は「子どもⒸ」の自我状態が本来もつ，自然な自発性と認識力と親密さを備えています。
　「『私はOK，あなたはOK』が誰もがもっている共通の姿勢です」「子どもⒸ』は人格のもっともよい部分です」

④「親Ⓟ」の自我状態は偏見をもった文化をつくり出す根源であり，「養育的な親ⓃⓅ」と「批判的な親ⒸⓅ」の二つの形に体現されます。

⑤人は幼児期に決めた自分自身を制限する脚本にそって生きています。
　「親が（彼ら彼女らを）カエルに変えるまで，みんな王子と姫として生まれ生きています」

⑥ストロークは社会的な認識の単位であり，生存に必要不可欠なものです。
　「もしストローク不足となるなら，あなたの脊髄は萎縮するでしょう」

⑦私たちは必要なストロークを得るために心理的ゲームを行うことを脚本に

よって強いられています。
「ゲームは親密さの代わりです」

⑧若い時に決断した人生脚本を取り消すことができます。
**「あなたはショーを取り止めて，もっとよいショーを開くことができます。
脚本は再決断できるのです」**

⑨交流分析は「成人Ⓐ」を使って，望ましい変化をもたらす方法です。
「契約を結ぶ，「成人Ⓐ」によるコントロールを身につける，人々を治す」

⑩交流分析士は，変化をもたらすために，できるだけ誰にでもわかる言葉で
話し，書いていきます。
**「私たちは特定の人にしかわからないジャズのような表現や曖昧で難しい
言葉を使わず，はっきりと表現し，16歳の子にも通じるような言葉使いを
します」**

ストロークがこの本の中核なので，バーンが自分のベストセラー『人生ゲー
ム入門——人間関係の心理学』（前出）で紹介したストロークの概念をここでも
う一度紹介します（1964, p.15）。
「ストロークは，相手の存在を尊重する，社会的行動の基本的な一単位で
す」。
私の興味の中心が交流分析にあったこの半世紀の間に，私は以下のような独
自の見解を展開してきました。

①愛とは人間関係における根源的な力です。基本となる愛の交流は肯定的な
ストロークです。
②実際に考えられているよりはるかに多くの人が，肯定的なストロークの不
足による飢えをしのいでいます。
③愛の不足は「ストローク経済の法則」による結果であり，「批判的な親ⒸⓅ」
によって強化されます。その結果，人々は無力で，落ち込んで，怖がり，
希望をもてないのです。

④ストロークに飢えている人は，肯定的なストロークが手に入らない時，感情を衰えさせるような否定的ストロークを求め，それを受け入れます。

⑤否定的ストロークはゲームによってつくり出され，ゲームの基本的な三つの役割，「救援者」「迫害者」「犠牲者」によって演じられます。

⑥脚本の存続には，その脚本を支えるゲームが必要です。ゲームを制限することで，それぞれの脚本の基盤が揺るがされます。「ストローク経済の法則」を克服するには，肯定的なストロークを自由に与え，求めるのです。そうすることによって，ストロークを手に入れるためのゲームが不要となり，人々は自分たちの脚本を却下することができます。

⑦「批判的な親 ⒸⓅ」の支配を制限することによって，生来の愛の力の発展が可能になり，それが「ストローク経済の法則」の克服へとつながります。

⑧愛は協力的で平等な社会環境において，個人の力と，希望と，心の平和を促進する役目を果たします。権力の乱用とパワープレイは反対の効果があり，無力と，不安感と，憎悪と恐れを生み出します。

バーンと私のアイディアは，1974年の私の著書『人生脚本（*Scripts People Live*)』以来発展させてきた視点の礎になるものです。私はその視点を「ストローク中心の交流分析」と呼んでいます。

21世紀における交流分析

はじめに

1950年代に，エリック・バーンがサンフランシスコで週1回の集会を開き，十数人のさまざまな分野の専門家と才能豊かな人々が集まり，交流分析が始まりました。今や交流分析は，年齢を問わず多様な背景と志をもった何千人もの熱心な人々を引きつける，世界的な規模の活動となりました。

バーンの交流分析の何が人を引きつけるのでしょう。

その概念の単純さ，エリックのひょうきんで挑発的な話し方，ハリス，ジェームズ，スタイナー，デュセイ，カープマン，イングリシュ，スチュワードとジョインズ，グールディング夫妻などの第2世代の著書の影響，多くの教師の熱心さとその手法，トレーナーの使命感ある熱意，あるいは人間関係における心理分析的で総合的な研究，セラピストになり生計を立てる機会，あるいは関わっている人たちの友好で協力的で偏見のないオープンな姿勢。これらのすべて，そして個人，職業，場所によって異なる，より多くのさまざまな側面に人々は魅了されてきたのでしょう。

5つの大陸の25の国で交流分析を数十年にわたり教えてきたなかで，交流分析には世界中のあらゆる人々を引きつける要因があることに気づきました。その間私はあらゆる場所で，時間のある限り，非公式のインタビューを行って，「交流分析の何があなたを引きつけますか？」とたずねてきました。

セラピスト，教育者，カウンセラー，コンサルタントを問わず，もっとも多い返事は，「自身を理解するのに役立つ」，そして「人の手助けをするのに役立っている」というものでした。

「OK / OK」

　さらに交流分析の何があなたの力になっていますか，と質問すると，その答えはさまざまに変化を見せました。基本的には自我状態と「私は OK，あなたは OK」という概念をあげる人がもっとも多く，続いてストローク，脚本，ゲームと契約など，他の概念が並びます。これはトレーナーの特定の関心を反映しているのだと思います。

　私は自我状態という概念が主な魅力を占めるのではないかと考えていましたが，OK の概念がこれと並んで重要と受け取られているとは思っていませんでした。

　初期の頃，トーマス・ハリスの著書『I'M OK - YOU'RE OK 幸福になる関係，壊れてゆく関係：最良の人間関係をつくる心理学 交流分析より』（Harris, 1969／邦訳：同文書院，1999）の定義があまりにも単純化されていたので，そのような OK / OK が交流分析の看板となることに，私は一時反対していました。

　トーマス・ハリスの著書は『人生ゲーム入門——人間関係の心理学』（前出）を超えたベストセラーとなったので，私は『人が生きる人生脚本（*Scripts People Live*)』で「なんちゃって OK / OK 概念」と呼んで，からかいました。

　ある日アメリカの東から西海岸に戻るフライトで一緒になった天文学者に，「交流分析って『私は OK，あなたは OK』のことですよね？」とたずねられた時，窓から外の夜空を指しながら，「ええ，つまり……，天文学も『きらきらお星様』のことではないですよね」と答えました。

　交流分析には実はそれ以上のことが含まれています。「OK / OK」概念の背景には洗練された理論の裏づけがあります。バーンは「私は OK，あなたは OK」は，誰もが地上に生を受ける時にもつ共通の立ち位置と定義しています。

　自分や他人が「OK でない」という考えを取り込むと，その生まれつきの立ち位置から脱線することになります。けれどもそんな時，交流分析士がカエルにそれをキャンセルするキスを与えることによって，私たちに深く埋め込まれている OK である立ち位置に戻してくれます。この「OK / OK」概念は本質的に，そして理論的に，交流分析が何のための方法論であるかを示すものです。

OK の概念は特定の病理的な要因を明らかにするものです。それらは，うつ病・憂うつ，パラノイア，憤慨，悲観などの背景に存在する，自分や他者に対する継続的な肯定的または否定的姿勢を明らかにします。現在この概念はバーンが想像したよりさらなる展開をしてきました。これによって交流分析組織がつくられ，また人間の許容，協力とオープンさの態度を表すものへとなってきました。そしてこの態度は交流分析士の文化の特徴となりました。

　重要な年代記編者であるレオンハルト・シュレーゲル（Schlegel, 1998）は，この概念が交流分析の活動における基本姿勢（"einstellung"）であると書いています（私信，2001）。私は「OK ／ OK」の姿勢は交流分析の本質的な側面であり，重要な政治的局面をもつと考えています。

バーンの政治に対する嫌悪感

　私は長い間，「バーンは完全に非政治的である」と述べてきましたが，違う意見もありました。それは，バーンがサンフランシスコの会議を「サンフランシスコ社会精神科医セミナー」と名づけたことを根拠として，これは「政治的」な表現であり，バーンは社会を癒すことを願っていたと解釈するものです。

　しかしバーンは（社会主義的な意味合いも込めて）重々しく「私たちの社会」という人たちをまねて砕けた英語で "arsacity"（our society）と笑いを誘い，彼らを過剰に感情的な「グリーンハウスゲーム」をする人とみなしていました。バーンにとっての社会精神医学とは，社会全体を対象とするのではなく，二人以上の個人が特定の時間と場所で行った具体的な交流に対する，精神と心理の学問（1961, pg 12）でした。

　さらに，社会主義に共感しベトナム反戦運動に熱狂した1960年代の急進的な政治姿勢に対しても，バーンの反応は同じく否定的なものでした。当時の熱っぽい政治的会話についても，バーンは，それをゲームか，時間の構造化としては生産性のない，愚痴をこぼし合う「ひまつぶし」に分類するという反応でした。

　当時のバーンのもっとも政治的な行動は，彼の人生の最後の年に書いた社説でした。それには次のように書かれています。「……（交流分析は）一つまたは二つの改革運動をしてもよいほど現在十分確立されています」，「道徳的な判断

を軽蔑するのはセラピスト社会の流行ですが，……戦う価値のある何かが必要です」。

　その後，乳幼児死亡率を「基本的価値基準」とすることを提唱し，次のように結論づけました。「第1次十字軍（改革運動）は，4つの騎兵（要因）へ対抗するためです。戦争，疫病，飢饉，死……どれも乳幼児死亡率を高めるからです」。ベトナム戦争が熾烈を極めた当時，一歩引いたこの発言が彼の反戦声明でした（TAB Jan 1969, V8, #29, Pg7.）。

　しかしながら私は考え直さなければなりませんでした。（バーンは「偉大なピラミット」などと言って，謎めいて自分呼ぶことがありましたが）バーンがサンフランシスコ・セミナーのメンバーに極秘にしていた二つの重要な事実のあることを，私は最近になって知ることになったのです。

　バーンの息子，テリー・バーンにより知った一つの事実は，1940年代後期から1950年初頭まで，アメリカ合衆国における反共産主義の時代にバーンが厳しい迫害を受けていたということです（2004, The Script, V34#8）。

　彼は調査と尋問を受け，政府機関での仕事を失い，パスポートを取り上げられました。1952年に，アメリカの自由を維持する市民委員会の請願書に彼が署名したことがその理由です。請願書には，政府によって左よりの疑いをかけられた科学者への対応についての要求が含まれていました。マッカーシー時代の迫害は公の場で彼を沈黙させることに成功したと，私は今そう考えています。

　二つ目の事実は，最近メアリー・グールディング（私信，2008）により知ったものです。60年代後半，彼女はバーンが住んでいたカルメルのレストランで，彼と彼の新しい妻のトーレと，よくランチを共にしていました。そこでバーンは，リベラルな政治的見解を自由に表していました。

　これは公でも個人的にもサンフランシスコでは決してしなかったことです。妻のトーレにより，それまで押し込められていたバーンの政治に対する直感が復活してきたのかもしれない，それが私の現在の印象です。

　人生の最後の数カ月には，彼の政治への態度はより柔らかなものとなっていました。1970年7月，私はある機会に，バーンに「ストローク経済の法則」の理論をサンフランシスコ・セミナーで発表させてほしいと伝えました。けれども，その政治的社会的側面も含め，ストロークについての率直な見解を発表す

る予定だったまさにその日，バーンの命を奪うことになる二つの心臓発作のうちの最初の発作が彼を襲い，彼とこの見解を分かち合う機会は二度とめぐってきませんでした。

　話をすることができていたら，彼がどのように話したであろうか知ることはもうできません。しかし彼が，社会と政治についても信念をもった人であり，これらの課題について真摯な姿勢で私と向き合ってくれただろう，という思いを今も抱いています。

バーンの個人的な政治——政治と交流分析

　バーンは，当時の感情的な論争の時代に沈黙を求められていたかもしれませんが，彼は彼の理論と政治的社会的実践のなかで，真の人民主義者，反エリート主義，自由論者，平等主義者であり続けました。サンフランシスコのセントメアリー病院の閉鎖病棟で行われていた，週に1度の彼の治療グループが，その何よりの証です。

　私は1960年代後期にその様子を観察しました。バーンは病院のスタッフとともに，病棟内の患者さんのセラピーを行っていました。最初の1時間は患者が円の中に座り，スタッフは円の外にいます。次に席を交代しスタッフは円の中に，患者は外側に入れ替わります。バーンは内側の席に座ったままスタッフとグループセラピーに関するスタッフ会議を行い，患者たちが円の外側でそれを観察します。

　必須のスタッフ会議を患者が聞こえるところで行うということは，常識を劇的にそして根本的にひっくり返す方法でした。これはスタッフも患者も平等な人間とみなすという，反エリート主義の声明でした。

　バーンはスタッフと患者，どちらも互いを真摯に受け止めることが必要だと強調するだけではなく，両者が互いに通じ合える言葉で話しかけ，そして話し合うことを求めていました。彼はそのことをとても大事にしていました。彼はふつうの人，つまり高校を卒業しただけのふつうの人が，自然にやりとりできる会話を基準としていました。精神医学や精神分析的な会話は許されませんでした。

　バーンは，セラピストとクライエントの両者の共有する場の確立が重要であ

るという信念をもっていました。彼が言うプレイフィールド（場）の確立には，両者を結ぶ契約が前提でした。その契約では，専門的な手助けを必要とする人と，その手助けを提供する人による，平等な人格としての会話を前提としていました。両者が有効な「成人Ⓐ」をもつ，有能な人間であることを前提として，共通の目的のために，どのような人間関係の同意を結ぶのが有効かを探索し，すり合わせします。契約を結ぶ条件は，両者が契約の専門用語を理解していることになるので，共通の言語が必要とされます。

　バーンは会話がシンプルな言葉で行われるだけでなく，誰にでも観察可能な出来事を題材にすることを要求しました。彼は仮説的な事例の使用は禁止し，観察可能で現実の人と人との間で行われる，目に見える交流について話すことを要求しました。これを達成するために，とても有用でわかりやすい「自我状態」「ゲーム」「脚本」という概念を用意しました。

　バーンは，誰もが OK な存在で生まれてくるという基本的構えを前提とすることによって，人の存在と，人間としての可能性が基本的に平等であると主張していました。

　「誰もが王子と姫として生まれ，そのうちの一部の人たちは，幼児体験により自分がカエルであると思いこまされた」（1966, p.290）。バーンはさらに次のように述べます。「人間という人種として誰もが社会の正規会員になる平等な機会が与えられています」（1966, p.290）。OK でない人生という態度は人生の脚本の一部であり，抑圧に適応したものなので，それは変更し再決断できるのです。

　誰が心理療法を施すことができるかという議論においても，バーンの姿勢ははじめから，きわめて平等主義的でした。当時は精神分析的訓練を受けた者を除き，医療関係者のみが心理療法を合法的に実践できる体制でした。

　しかしそれに対して，心理学者，社会福祉関係者と，聖職者，そして単に自分でも魂の癒しを実行したいと願うふつうの人々からのプレッシャーが増していました。

　バーンは「真実の医師とは患者を治す人である（それは学位や資格とは関係なく）」と語ったのですが，それは当時では過激な考えでした。この提言は，心理学者である私や多くの方々にとって，今まで勉強してきた専門に縛られない「真の医師」になるための許可となるものでした。

バーンのもっともすばらしい資質は，彼が意見の相違や矛盾を，特にそれらが現実に基づいているものであれば，すべて吸収できることでした。たとえば，彼の毎週のセミナーで，大勢を目の前にして，彼は自分の母親とセックスをしている夢は統合失調症の現象であると言いました。一見大変理論的な話に思えたのですが，ふと考えると自分自身がそのような夢を見たことがあったと気づきました。そして私の番になった時に次のように言いました。「それは大変興味深い。私は定期的に母親とセックスをする夢を見ます。このことをどのように解釈しますか？」。バーンは私の方を見て，パイプを数秒吸った後，ちょっと皮肉っぽく笑いながら言いました。「おやおや，この理論はこれで消えましたね」。

交流分析と進化した自由と平等

　バーンはOK / OKの基本的構えと，健康な生命維持に必要なストロークを導入しました。そのことが私にとっては，肯定的ストロークと「ストローク経済の法則」，さらに感情表現能力へ向けた探求の道を切り開くことになりました。これらのコンセプトは，社会をよりよくしようと考える人たちの力に助けられ，長い時間をかけて，交流分析を積極的で養育的，寛大で感情的に健全で正直な交流と人間関係をつくるための重要な手段に仕上げていくことになりました。

　協力を基本とした議論，異なる視点の受け入れ，そして新たな情報の受け入れ，自分の心を瞬時に変更でき，異なる意見を統合しようとする意欲は，開放的かつ自由と平等である社会の特徴です。交流分析の魅力の一つは，このような価値観を共有し，民主的な組織体系をもつことにあります。これは，自由と平等の発展につながる，世界的な革命への小さいながら重要な要素です。

　自由と平等を基とする民主主義の歴史的起源は，紀元前500年，ギリシャの都市アテネにおいて，抑圧的な階級制度の旧体制のもと，ごく一部の人が多数を支配することへの反発にあります。

　2,500年前に出現して以来，自由と平等は，タイタニックのごとく苦しい戦いをくり返してきました。戦う相手は類人猿の先祖から人間へと受け継がれてきた古い社会秩序です。その秩序は，家父長制と言われる男性優位主義と領土

争いであり，私たちに戦争，帝国，大殺戮，集団虐殺，拷問，と数え切れない惨事をもたらしました。

　古来の生存方式から離脱していく現代社会において，私たちの社会体制は大きな問題に直面しています。自由と平等の概念に基づく民主主義は，支配階層と対立しています。

　私は自由と平等の原理に「情報」を加えたいと思います。それは正確で真実であり，理解できる知識であり，それなしでは自由と平等に基づく決断は意味をなさないか，または不可能となります。自由と平等主義の歩みがよろめくことがあったとしても，確実な軌跡をもって進歩し，平等・自由・情報の三つの原則が現在の地点にまで到達するのに2000年を費やしたのです。

　世界規模で自由と平等が発展するなか，一つの大きな逆行となったのは，表向きは「自由と平等（とアメリカの価値観）を中東に広げること」がその目的とされた，ジョージ・ブッシュによるイラク戦争でした。

　その単純で愚かな目的も達成できなかっただけでなく，自由と平等にきわめて悪いイメージを与え，さまざまな地域を何十年も民主主義の確立から遠ざけました。アメリカでも憲法が変えられ，自由と平等を存続の危機にさらしました（現在のバラック・オバマの時代にこれらの影響が打ち消され，自由と平等をアメリカに取り戻すことができればと望んでいます）。

　政治と言うと，ふつう政府の仕事が思い浮かびますが，私はここで，すべての力関係を含む行動は政治的であるとの見方を提案します。そしてこの考えは国家レベルからもっと個人的なレベルまで，すべての力関係に適応するものです。

　具体的にそれは，食事を誰が用意し，誰が食べ，誰が後片付けをするか，誰が話し，誰が聞き，いつどのようにセックスするか，ということです。世の中の力を理解しようとするなら，政府による政治を考えるのと同時に，個人の政治も考えなければなりません。個人の場における自由と平等の原理は公の場と同等に大切です。個人の政治において，自由と平等の長年の敵は男性優位社会とそれが専断的につくる文化や法律，そしてそれらを反映するものです。

　大衆主義の実利的でシンプルな言葉遣いによる交流分析は，力関係を認識できる，政治的理論であり，実践です。交流分析は「成人Ⓐ」による詳細な観察と対話を重視し，他者に対する態度と行為に対してオープンであり，非暴力，

協力，平等であることを基本としています。交流分析は，平等主義を促進する根っからの民主的な活動と言えるもので，もっとも個人的な関係において，平等と対話と和解を推進させるものです。

　自由や社会的公正を求める人たちは，この交流分析の概念，実践やトレーニングに心の癒しを見出すことができます。私はこの背景があるからこそ，交流分析は劇的に広がり続けていると思います。これこそエリック・バーンがもっとも誇りに思うことでしょう。

おわりに

　過去半世紀，私は交流分析について絶えず書き続けてきました。15年間私の書物を編集し続けてきた妻ジュード・スタイナー・ホール Jude Steiner-Hall（別名 Jenae Marks）はある日私に，同じ考えをくり返し読み返すのに疲れたと言いました。彼女は長年にわたって，自分の理論を学術的な形にまとめるよう私に勧めていました。私は，新しい見解を得るための準備としてであればそうできると考え，そうして生まれたのが本書です。

　老いとともに時というものがより貴重になるなか，私は人生に残された時間を，自分が興味をもちはじめている新しい情報時代について，そしてそれが，今人類が直面している悲痛な社会状況を覆す可能性について探ることに使いたいと思っています。

　人間世界にいかなる時も力強く存在する愛は，それ単独ではこの歯車を戻すことができません。けれども情報が共にあれば，愛がその答えであることに変わりはないと思います。
　愛がその答えです。

クロード・スタイナー

参考文献

Ackerman, D. (1994) *A Natural History of Love*. New York: Vintage. University Press. (岩崎徹, 原田大介 訳 [1998]「愛」の博物誌. 河出書房新社)

Adler, A. (1999) *Understanding Human Nature*. New York: Oneworld Publications.

APA (2000) Special Issue on Happiness, Excellence and Optimal Functioning, *American Psychologist*, Vol 55 #1, January.

Baumeister, R. and Leary, M. (1995) The Need to Belong: Desire for Interpersonal Attachments as a Fundamental Human Motivation. *Psychology Bulletin*, May 1995 Vol 117, No. 3, 497-529.

Berlyne, D. E. (1957) Conflict and information theory variables as determinants of human perceptual curiosity. *Journal Exp. Psychology*, 53, 399-404.

Berne, E. (1961) *Transactional Analysis in Psychotherapy*. New York: Grove Press.

Berne, E. (1964) *Games People Play*. New York: Grove Press. (南博 訳 [1989] 人生ゲーム入門──人間関係の心理学. 河出書房新社)

Berne, E. (1966) *Principles of Group Treatment*. New York: Oxford University Press.

Berne, E. (1969) Editorial Comment, *Transactional Analysis Bulletin*, Vol 8, #29.

Berne, E. (1971) Away from the Impact of Interpersonal Interaction on Non-Verbal Participation. *Transactional Analysis Journal*, Vol 1.

Berne, E. (1972) *What Do You Say After You Say Hello?* New York: Grove Press. (江花昭一 監訳 [2018] エリック・バーン人生脚本のすべて人の運命の心理学──「こんにちは」の後に, あなたは何と言いますか？ 星和書店)

Bexton, W., Herson, W., & Scott, T. (1954) Effects of decreased variation in the sensory environment. *Canadian J. of Psychology* VII, 70-76.

Bloom, H. (1998) *The Invention of the Human*. New York: Putnam.

Caplan, R. (1969) *Psychiatry and The Community in Nineteenth Century America*. New York: Basic Books.

Cesereanu, R. (2006) An Overview of Political Torture in the Twentieth Century. *Journal for the Study of Religions and Ideologies*. Vol 8, p. 45-70.

Chomsky, N., Ronat, M. (1998) *On Language*. New York: New Press. (大石正幸, 豊島孝之 訳 [2008] 自然と言語. 研究社)

Damasio, A. (1999) *The Feeling of What Happens*. London: Vintage. (田中三彦 訳 [2003] 無意識の脳 自己意識の脳：身体と情動と感情の神秘. 講談社)

Dawkins R. (1998) *The Selfish Gene*. New York: Oxford. (日高敏隆ほか 訳 [1991] 利己的な遺伝子. 紀伊國屋書店)

Dusay, J. (1972) Egograms and the constancy Hypothesis. *Transactional Analysis Journal* Vol II, #3.

Ellis, A. (1962) *Reason and Emotion in Psychotherapy*. New York: Lyle Stuart. (野口京子 訳 [1995] 理性感情行動療法. 金子書房)

Freud, S. (1969) *Civilization and its Discontents*. Translated by James Strachey (first edition 1922) New York: W. W. Norton.

Fowler, H. (1965) *Curiosity and Exploratory Behavior.* New York: MacMillan.

Gide, A. (1935) *If It Die: Autobiographical Memoir* translated by Dorothy Bussy, (first edition 1920) New York: Vintage Books.

Goleman, D. (1996) *Emotional Intelligence.* New York: Bantam Books. (土屋京子 訳 [1996] EQ こころの知能指数. 講談社)

Goulding, M., & Goulding, R. (1997) *Changing Lives Through Redecision Therapy.* New York: Grove Press. (深沢道子 訳 [1980] 自己実現への再決断：TA・ゲシュタルト療法入門. 星和書店)

Harris, T. (1969) *I'm OK, You're OK.* New York: Harper and Row. (宮崎伸治 訳 [1999] I'M OK-YOU'RE OK 幸福になる関係，壊れてゆく関係：最良の人間関係をつくる心理学 交流分析より. 同文書院)

Heron, W. (1957, January) The pathology of boredom. *Scientific American,* 52-56.

Karpman, S. (1973) Script Drama Analysis. *Transactional Analysis Journal,* Vol 3, #4.

Kinkel, K. (1999) Downloaded from www.pbs.org/wgbh/pages/frontline/shows Frontline: "The Killer at Thurston High."

Laing, R. (1971) *The Politics of The Family.* New York: Pantheon.

Le Doux, J. (1996) *The Emotional Brain; The Mysterious Underpinnigs of Emotional Life.* New York: Touchstone.

Lerner, M. (1997) *The Politics of Meaning.* New York: Perseus Books.

Lewis, T., Amini, F., & Lannon, R. (2001) *A General Theory of Love.* Oxford. New York: University Press.

Lynch, J. (1988) *The Broken Heart; The Medical Consequences of Loneliness.* New York: Basic Books. (堂野佐俊 編訳 [1985] 現代人の愛と孤独：心臓の医学心理学. 北大路書房)

MacLean, P. (1970) The triune brain. Emotion and scientific bias. *The neurosciences. The second study program.* F. O. Shmitt, editor. New York: Rockefeller University Press.

Matlin, M., & Stang, D. (1978) *The Pollyanna Principle.* Shenkman. Cambridge. MA.

Mayer, D., Salovey, P., Caruso, D. (2008) Emotional intelligence: New ability or eclectic traits? *Americam Psychologist.* **Vol 63,** #6, 503-517.

Menninger, K. (1958) *Theory of Psychoanalytic Technique.* New York: Basic Books.

Novey, T. (2002) Measuring the Effectiveness of Transactional Analysis; An International Study. *Transactional Analysis Journal.* **Vol 32,** #1, January 2002.

Ornish, D. (1998) *Love and Survival.* New York: Harper Collins.

Pinker, S. (1999) *How The Mind Works.* New York: Norton. (椋田直子 訳 [2003] 心の仕組み：人間関係にどう関わるか（上中下巻）. 日本放送出版協会)

Putnam, R. (2001) *Bowling Alone: The Collapse and Revival of American Community.* New York: Simon and Schuster. (柴内康文 訳 [2006] 孤独なボウリング──米国コミュニティの崩壊と再生. 柏書房)

Ramachandran, V. (2006) *Mirror Neurons and Imitation Learning as The Driving Force Behind "The Great Leap Forward" in Human Evolution.* New York: Edge Foundation.

Reich, W. (1936) *The Sexual Revolution* (translation of *Die Sexualität im Kulturkampf* translated by Theodore P. Wolfe. New York: Farrar, Straus and Giroux.

Rizzolatti, G., & Craighero, L. (2004) The mirror-neuron system. *Annual Review in Neuroscience,* 27, 169-92.

Rogers, C. (1951) *Client Centered Therapy*. Boston: Houghton Mifflin.（保坂亨, 諸富祥彦, 末武康弘 共訳 [2011] クライアント中心療法（ロジャーズ主要著作集 2. 岩崎学術出版社）

Schlegel, L. (1998) "What is Transactional Analysus?" *Transactional Analysis Journal*, *Vol. 28*, #4.

Shannon, E., & Weaver, W. (1963) *The Mathematical Theory of Communication*. Urbana: University of Illinois Press.（植松友彦 訳 [2009] 通信の数学的理論. 筑摩書房）

Shapiro, A., & Shapiro, E. (2000) *The Powerful Placebo: From Ancient Priest to Modern Physician*. Baltimore: The Johns Hopkins University Press.（赤居正美, 滝川一興, 藤谷順子 訳 [2003] パワフル・プラセボ：古代の祈祷師から現代の医師まで. 協同医書出版社）

Shirky, C. (2008) *Here Comes Everybody*. New York: Penguin.（岩下慶一 訳 [2010] みんな集まれ！ ネットワークが世界を動かす. 筑摩書房）

Spitz, R. (1954) "*Hospitalism,*" *The Psychoanalytic Study of the Child I*. International Universities Press, New York.

Steiner, C. (1966) Script and Counterscript. *Transactional Analysis Bulletin*, Vol 5, #18.

Steiner, C. (1968) *Games Alcoholics Play*. New York: Grove Press.

Steiner, C. (1971) The Stroke Economy. *Transactional Analysis Journal*, Vol 1, #3.

Steiner, C. (1974) *Scripts People Live*. Grove Press, New York.

Steiner, C. (1977) *The Original Warm Fuzzy Tale*. Torrance CA: Jalmar Press. Available for downloading on www.claudesteiner.com.

Steiner, C. (1981) *The Other Side of Power*. New York: Grove Press. Available for downloading on www.claudesteiner.com.

Steiner, C. (1986) *When a Man Loves a Woman*. New York: Grove Press. Available for downloading on www.claudesteiner.com.

Steiner, C. (1995) Thirty Years of Transactional Analysis in 1500 word or less. *Transactional Analysis Journal*, **Vol 25**, #1.

Steiner, C. (1997) *Achieving Emotional Literacy*. New York: Avon Books.

Steiner, C. (2003) *Emotional Literacy: Intelligence with a Heart*. Fawnskin CA: Personhood Press. Available for downloading on www.claudesteiner.com.

Steiner, C. (2005) Transactional Analysis; An Elegant Theory and Practice. *The Script*, **Vol 35**, #2. Available for downloading on www.claudesteiner.com.

Sullivan, H. (1954) *The Psychiatric Interview*. New York: Norton.（中井久夫ほか 訳 [1986] 精神医学的面接. みすず書房）

索　引

訳者あとがき

　本書の著者クロード・スタイナー博士は，2011年，日本交流分析協会大阪支部全国年次大会の基調講演者として来日致しました。その折，通訳を担当させていただいたのですが，その際，本書を翻訳・出版することが話し合われ，実現のはこびとなりました。

　本書はスタイナー博士が生涯をかけた研究をまとめた著著であり，さまざまな悩みをもって生きる人間の姿を，交流分析を軸として描き上げたものと受けとめております。

　監訳を，ルーテル学院大学大学院名誉教授であり臨床心理士である白井幸子氏にお願いしたところ，快く引き受けてくださいました。氏は2年間という長い日々，スタイナー博士の思想の真髄を守り抜く言葉を，夜遅くまで模索して下さいました。私は，その発見される瞬間になんども立ち会うことができ，鳥肌が立つ感動を覚えました。

　本書を翻訳・出版する機会を与えて下さった日本交流分析協会大阪支部の関係者の皆様に，また，長い間の翻訳の過程を支えてくださった古き友人たちと家族の変わらぬ励ましに，心からの感謝を申し上げます。

2021年2月

楯エリナ

著者紹介

クロード・スタイナー（Claude Steiner PhD. TM）

　スタイナーはオーストリア出身の両親の長男として，1935年にフランス，パリで生まれました。フランスへのヒトラーの侵略が差し迫るなか，彼のユダヤ系の母とクリスチャンの父は1939年スペインに逃れ，そこから1947年にメキシコへ亡命します。そのような環境のなかで，彼はカトリックの学校に通いながら幼児時代と思春期を過ごすことになります。

　スタイナーは機械工学を学ぶため1952年にアメリカに渡り，その後，しばらくの間自動車整備士として生計を立てながら，カリフォルニアのサンタモニカにあるシティ・カレッジで物理学を学びました。彼はバークレーのカリフォルニア大学で物理学を学び続け，後に心理学と幼児発達学へと専門を変えます。

　彼が『人生ゲーム入門（Game People Play)』（前出）の著者であるエリック・バーン氏に出会ったのは1957年のことです。スタイナーはバーンの強い要請により1965年にミシガン大学で臨床心理学の博士号を取得しました。

　スタイナーはエリック・バーン氏の同僚，同士，友人となり，ITAA（国際交流分析協会）の設立メンバーとなりました。その後，ITAA の調査研究とイノベーション部門の副会長を勤め，さらにインターネット部門の責任者も歴任します。彼は「人生脚本」(1971)，「ストローク経済の法則」(1980) に関する業績に対し，2度にわたってエリック・バーン記念賞を授賞しています。

　バーンが亡くなった後，スタイナーは活動家としてベトナム反戦運動に没頭し，ラジカル心理療法の理論と実践を開発し，多くの本や雑誌に論文や記事を書き表しました。加えて彼は，フルタイムでグループと個人のセラピーをバークレーで行いながら11冊の本を書き，そのうち2冊は心理学分野のベストセラーとなり，さらに同じくベストセラーとなった『ぬくもりさんのおはなし（The Warm Fuzzy Tale)』という童話も書いています。

　彼は1975年から感情表現能力という概念を生み出し，発展させ，教えていきます。その後何年もかけて，感情表現能力のトレーニングプログラムを洗練させていき，彼の著書 *Emotional literacy: Intelligence with a heart* にそれを表しました。

　彼は「ぬくもりさん（Warm Fuzzies)」や「感情表現能力（Emotional literacy)」

という新しい言葉をつくり出し，「ストローク経済の法則」の理論を発展させました。彼の本は9つの言語に翻訳され，世界各地での公演や研修会で多くの方に親しまれてきました。

　その後，スタイナーは，微細で意識化しにくい心理的なパワープレイである「プロパガンダ」への興味に従い，クリニックを閉鎖し，メキシコと中央アメリカへと旅立ちます。そして，ジャーナリストとしてその地域におけるアメリカのプロパガンダの影響について研究を進めます。

　その後彼は，臨床心理の現場に復帰し，また3年間，季刊誌『プロパガンダ・レヴュー』の創立メンバーとして，またシニア編集者として活躍します。

　スタイナーには2人の兄弟がおり，妹のカテリーヌは言語の元教員で，弟のミグエルは元銀行員です。彼には3人の子ども，ミミ，エリックとデナリ，そして6人の孫，ミミの子どものマシューとベラ，エリックの子どものアレックスとマリエル，デナリの子どものアリックとディランがいます。

　スタイナーは現在，妻ジュード・スタイナー・ホールとともに，バークレーの自宅と，カリフォルニア州北部のメンドシーノ群ウキアにある彼の牧場を行き来しながら生活しています。

＊　　＊　　＊

　スタイナー博士は2017年1月，82歳で亡くなりました。彼の最後の言葉は「答えは愛である。私は間違っていなかった」というものでした。

（白井幸子付記）

監訳者紹介

白井 幸子（しらい　さちこ）

1963年青山学院大学文学部英米文学科卒業後，フルブライト交換留学生として渡米。1965年アンドヴァー・ニュートン神学校卒業（M.R.A.），1970年エール大学神学部卒業（M. Div.）。
その後，1年間ヴァージニア州立大学病院でチャップレン（病院付き牧師）の研修を終え，1971年帰国。「東京いのちの電話」，「国立療養所多磨全生園」「東京医科大学病院」などの勤務を経て，1999年4月よりルーテル学院大学臨床心理学科教授。2014年4月より同大学大学院名誉教授。臨床心理士。
著　書：『看護にいかす交流分析』（医学書院，1983年），『看護にいかすカウンセリング（医学書院，1987年），『臨床にいかす心理療法』（医学書院，2004年），他
訳　書：シュナイドマン，E. S.『死にゆく時』（共訳，誠信書房，1980年），オハンロン，B. & ビードル，S.『可能性療法』（共訳，誠信書房，1999年），スチュアート，I. & ジョインズ，V.（2007）『交流分析による人格適応論』（監訳，誠信書房，2007年），他

訳者紹介

楯 エリナ（たて　えりな）

1982年アルベルト・アインシュタイン ギムナジウム卒業。有限会社スーパーチャイルドライ スポーツ・ジャパン代表取締役。

クロード・スタイナー著
交流分析の根底に流れるもの
――クロード・スタイナーの思想

2021年5月20日　第1刷発行

監 訳 者	白 井 幸 子	
発 行 者	柴 田 敏 樹	
印 刷 者	田 中 雅 博	

発行所　株式会社　**誠 信 書 房**
〒112-0012　東京都文京区大塚3-20-6
電話 03（3946）5666
http://www.seishinshobo.co.jp/

©Seishin Shobo, 2021　　Printed in Japan
落丁・乱丁本はお取り替えいたします
印刷／製本：創栄図書印刷(株)
ISBN 978-4-414-41477-6 C3011

JCOPY ＜出版者著作権管理機構 委託出版物＞
本書の無断複製は著作権法上での例外を除き禁じられています。複製される場合は，そのつど事前に，出版者著作権管理機構（電話 03-5244-5088，FAX 03-5244-5089，e-mail：info@jcopy.or.jp）の許諾を得てください。

交流分析による
人格適応論
人間理解のための実践的ガイドブック

V. ジョインズ・I. スチュアート 著
白井幸子・繁田千恵 監訳

「責任感ある仕事中毒者」といったユニークな
名称の六つの人格適応タイプを使った、初学
者にも分かりやすい交流分析の技法を紹介。

主要目次
パートI　　導入
パートII　　人格適応タイプのモデル
パートIII　六つの人格適応タイプモデルの診断
パートIV　ラポールの構築とその維持
パートV　　個人を変容へと導くために
パートVI　人格適応モデルをさらに応用する
パートVII　臨床における人格の変容
　　　　　　──治療の実際
付録
　A　今までの性格分類理論と人格適応タイ
　　　プとの関連性
　B　人格適応タイプを測定する
　C　ヴァン・ジョインズの人格適応タイプ
　　　質問用紙

A5判並製　定価(本体5800円+税)

ジョインズ人格適応
型心理検査(JPAQ)
第3版

V. ジョインズ 著
白井幸子・繁田千恵・城所尚子 訳

『交流分析による人格適応論』で紹介された6
つの人格適応型を判定するツールが、日本版心
理検査キットとして登場。

◆**基本セット（分売不可）　本体9500円+税**
① 心理検査手引き書（バインダー1冊）
② 採点用スケール・テンプレート（6枚）
③ 採点・集計用CD-ROM（1枚）
④ 検査用紙　（5部）
⑤ 検査結果のお知らせ（5部）
⑥ クライエント用の冊子「人格適応型とは」（5部）
＊ ④〜⑥は［用紙セット］として別途販売し
ています

◆**用紙セット（分売不可）　本体2000円+税**
① 検査用紙　（5部）
② 検査結果のお知らせ（5部）
③ クライエント用の冊子「人格適応型とは」（5部）

〇採点・集計用CD-ROMの推奨動作環境
Windows：Windows XP/Vista/7のいずれかが動
作していて、Office2003〜2010のExcelがインス
トールされている機種
Macintosh：MacOS10.5.8以降が動作していて、
Office2011のExcelがインストールされている機種。
＊本CDはWindows8/10,及び64bit版には対応し
ておりません。